17

USBORNE
Italian
Dictionary
for Beginners

Helen Davies and Giovanna Iannaco
Illustrated by John Shackell
Designed by Brian Robertson
Edited by Nicole Irving

Cover illustration by Margaret Chamberlain
Additional designs by Kim Blundell, Stephen Wright and Sarah Cronin
Editorial help from Nikky Twyman, Ernestine Montgomerie and Katie Daynes

Contents

About nouns

Italian nouns are either masculine or
feminine (this is called their gender).
"The" is **il** or **lo** when the word is
masculine and **la** when it is feminine.
When a noun begins with a vowel, **lo**
or **la** is shortened to **l'**. In this book, the
gender of each noun is shown in the
word box using the abbreviations (**f**) for
feminine and (**m**) for masculine.

Look out too for these abbreviations: (**s**)
singular and (**pl**) plural. In the plural,
the word for "the" is **i** or **gli** for
masculine nouns and **le** for feminine
nouns. In Italian, nouns that describe
what people do or are (e.g. dancer)
often have a masculine and a feminine
form. Both forms are given at the back
of this book.

About adjectives

Italian adjectives change their ending
depending on whether the noun they
are describing is masculine or feminine.
Most adjectives end in **o** in the
masculine and **a** in the feminine.
Adjectives ending in **e** are for both (**m**)
and (**f**) nouns (see page 98). In the
picture labels in this book, the
adjectives match the nouns illustrated.
Both (**m**) and (**f**) forms are given in the
word boxes.

About verbs

Verbs in this book appear in the
infinitive (e.g. "to hide" in English).
Most Italian verbs have infinitives
ending in **are**, **ere** or **ire**. You can find
out how to use verbs on page 99. There
is a list of irregular verbs on page 103.

Usborne Quicklinks

This book has its own Usborne Quicklinks Website where you can listen to all the words and phrases read by a native Italian speaker.

To visit the Quicklinks Website for this book, go to **www.usborne-quicklinks.com** and enter the keywords "italian dictionary for beginners".

Listening to the words
To hear the words and phrases in this book, you will need your Web browser (e.g. Internet Explorer or Netscape Navigator) and a programme such as RealPlayer® or Windows® Media Player. These programmes are free and, if you don't already have one of them, you can download them from Usborne Quicklinks. Your computer also needs a sound card but most computers already have one.

Picture puzzles and useful websites
In Usborne Quicklinks you will also find Italian picture puzzles that you can print out for free, and links to lots of other useful websites where you can listen to Italian radio, brush up on your Italian grammar and find out more about the country and culture.

Disclaimer
The Usborne Quicklinks Website contains links to external websites that do not belong to Usborne Publishing. The links are regularly reviewed and updated, but Usborne Publishing is not responsible for the content on any website other than its own. We recommend that children are supervised while on the Internet, that they do not use Internet Chat Rooms, and that you use Internet filtering software to block unsuitable material. Please ensure that children read and follow the safety guidelines displayed in Usborne Quicklinks. For more information, see the **Net Help** area on the Usborne Quicklinks Website.

Meeting People

Buon giorno!	Hello!	**l'uomo (m)**	man
Arrivederci!	Goodbye!	**la donna**	woman
A presto!*	See you later.	**il bebè**	baby
dare la mano a	to shake hands with	**il ragazzo**	boy
		la ragazza	girl
dare un bacino	to kiss		

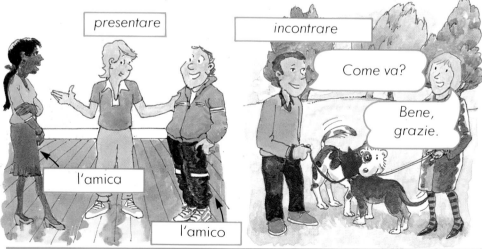

presentare	to introduce	**Come va?**	How are you?
l'amica (f)	friend (f)	**Bene, grazie.**	Very well thank you
l'amico (m)	friend (m)		
incontrare	to meet		

*You can find the literal meaning of phrases and expressions in the Phrase explainer section on pages 106-9.

discorrere — to chat
Sì — Yes
No — No
D'accordo. — I agree.
dire — to say
scoppiare in una risata — to burst out laughing

il nome — name
il nome di battesimo — first name
il cognome — surname
Come ti chiami? — What's your name?
Mi chiamo... — My name is...
Si chiama... — His/her name is...

Carla BUZZATI

l'età (f) — age
Quanti anni hai? — How old are you?
Ho diciannove anni. — I'm nineteen.
giovane — young
vecchio(a) — old
più grande di — older than
più giovane di — younger than
la stessa età di — the same age as

Families

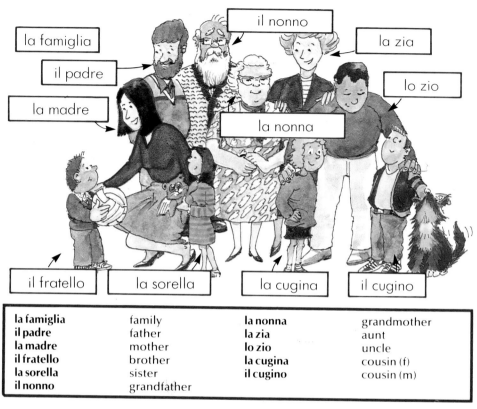

la famiglia	family	**la nonna**	grandmother
il padre	father	**la zia**	aunt
la madre	mother	**lo zio**	uncle
il fratello	brother	**la cugina**	cousin (f)
la sorella	sister	**il cugino**	cousin (m)
il nonno	grandfather		

essere parente di	to be related to	**la nipote**	granddaughter
il figlio	son	**voler bene a**	to be fond of
la figlia	daughter	**il nipote**	nephew
educare	to bring up	**la nipote**	niece
il nipote	grandson		

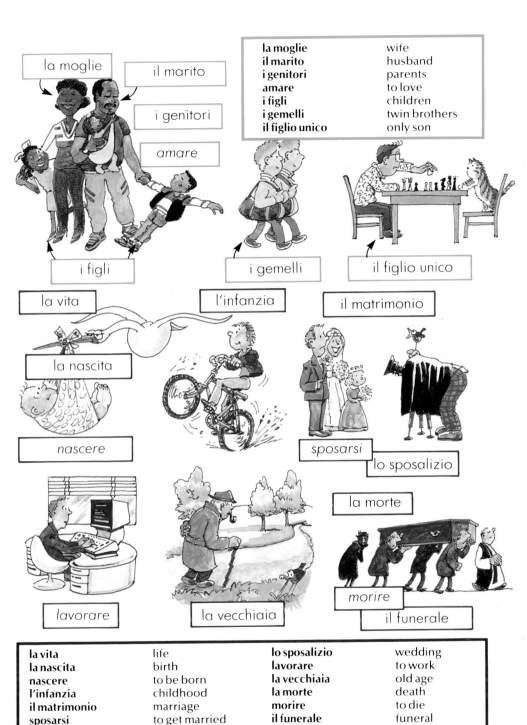

la moglie

il marito

i genitori

amare

la moglie	wife
il marito	husband
i genitori	parents
amare	to love
i figli	children
i gemelli	twin brothers
il figlio unico	only son

i figli

i gemelli

il figlio unico

la vita

l'infanzia

il matrimonio

la nascita

nascere

sposarsi

lo sposalizio

la morte

lavorare

la vecchiaia

morire

il funerale

la vita	life	lo sposalizio	wedding
la nascita	birth	lavorare	to work
nascere	to be born	la vecchiaia	old age
l'infanzia	childhood	la morte	death
il matrimonio	marriage	morire	to die
sposarsi	to get married	il funerale	funeral

7

Appearance and personality

carino(a)	pretty
bello(a)	handsome
forte	strong
debole	weak
magro(a)	thin
snello(a)	slim
grasso(a)	fat

carina

bello

forte

magro

debole

snella

grasso

avere i capelli biondi

essere calvo

...i capelli bruni

...i capelli rossi

...i capelli lisci

...i capelli ricci

... la frangia

... le trecce

avere i capelli biondi	to have blond hair	i capelli ricci	curly hair
i capelli bruni	brown hair	la frangia	a fringe
i capelli rossi	red hair	le trecce	plaits
i capelli lisci	straight hair	essere calvo(a)	to be bald

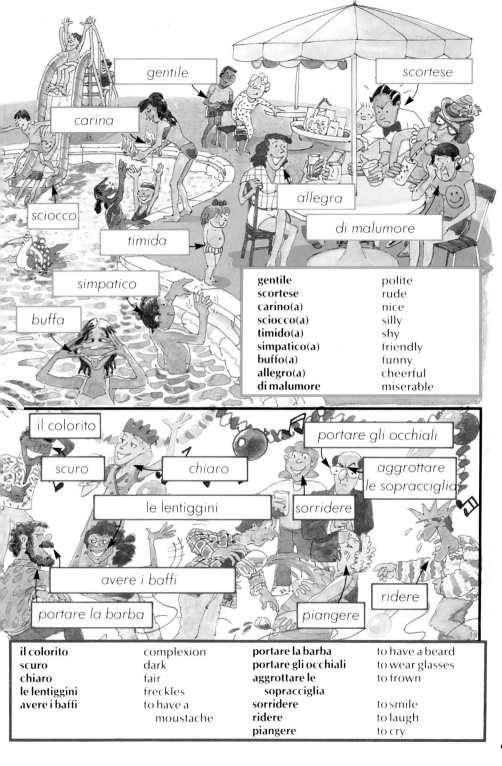

gentile

scortese

carina

allegra

sciocco

di malumore

timida

simpatico

buffa

gentile	polite
scortese	rude
carino(a)	nice
sciocco(a)	silly
timido(a)	shy
simpatico(a)	friendly
buffo(a)	funny
allegro(a)	cheerful
di malumore	miserable

il colorito

portare gli occhiali

scuro

chiaro

aggrottare
le sopracciglia

le lentiggini

sorridere

avere i baffi

ridere

portare la barba

piangere

il colorito	complexion	portare la barba	to have a beard
scuro	dark	portare gli occhiali	to wear glasses
chiaro	fair	aggrottare le sopracciglia	to frown
le lentiggini	freckles		
avere i baffi	to have a moustache	sorridere	to smile
		ridere	to laugh
		piangere	to cry

9

Your body

la testa	head
i capelli	hair
il viso	face
la pelle	skin
l'occhio (m)	eye
la guancia	cheek
il naso	nose
l'orecchio (m)	ear
la bocca	mouth
il dente	tooth
la lingua	tongue
il labbro	lip
il collo	neck
il mento	chin

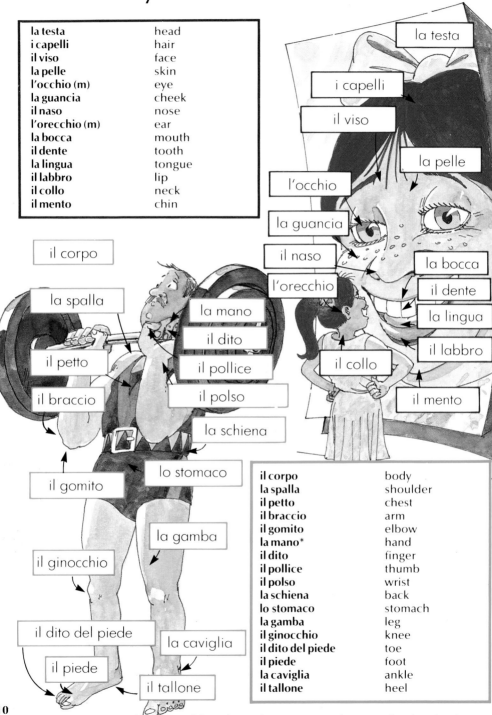

la testa

i capelli

il viso

la pelle

l'occhio

la guancia

il naso

l'orecchio

la bocca

il dente

la lingua

il labbro

il collo

il mento

il corpo

la spalla

il petto

il braccio

la mano

il dito

il pollice

il polso

la schiena

il collo

il gomito

lo stomaco

la gamba

il ginocchio

il dito del piede

la caviglia

il piede

il tallone

il corpo	body
la spalla	shoulder
il petto	chest
il braccio	arm
il gomito	elbow
la mano*	hand
il dito	finger
il pollice	thumb
il polso	wrist
la schiena	back
lo stomaco	stomach
la gamba	leg
il ginocchio	knee
il dito del piede	toe
il piede	foot
la caviglia	ankle
il tallone	heel

10

*La mano is an irregular noun: although it is feminine, it ends in o and in the plural becomes le mani.

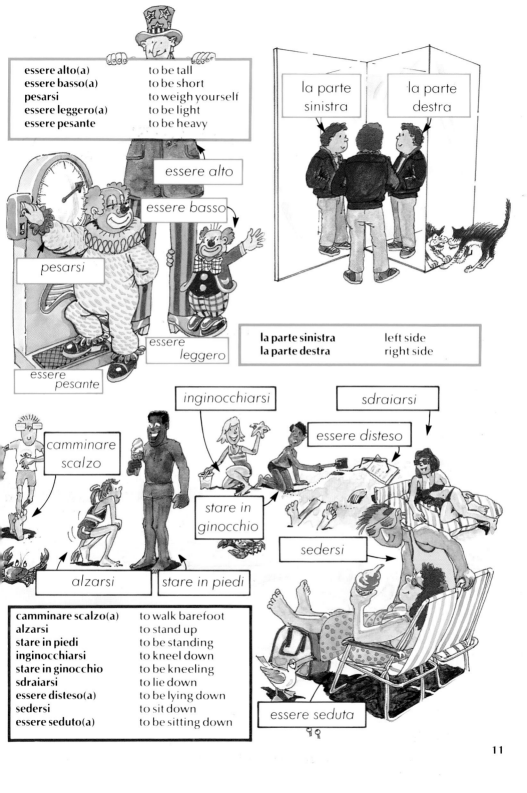

essere alto(a)	to be tall
essere basso(a)	to be short
pesarsi	to weigh yourself
essere leggero(a)	to be light
essere pesante	to be heavy

essere alto

essere basso

pesarsi

essere leggero

essere pesante

la parte sinistra

la parte destra

la parte sinistra	left side
la parte destra	right side

inginocchiarsi

sdraiarsi

essere disteso

camminare scalzo

stare in ginocchio

sedersi

alzarsi

stare in piedi

essere seduta

camminare scalzo(a)	to walk barefoot
alzarsi	to stand up
stare in piedi	to be standing
inginocchiarsi	to kneel down
stare in ginocchio	to be kneeling
sdraiarsi	to lie down
essere disteso(a)	to be lying down
sedersi	to sit down
essere seduto(a)	to be sitting down

11

Houses and homes

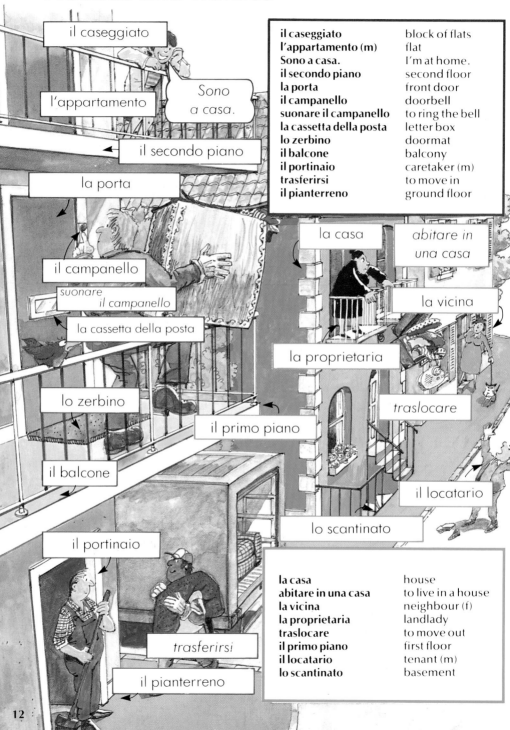

il caseggiato

l'appartamento

Sono a casa.

il secondo piano

la porta

il caseggiato	block of flats
l'appartamento (m)	flat
Sono a casa.	I'm at home.
il secondo piano	second floor
la porta	front door
il campanello	doorbell
suonare il campanello	to ring the bell
la cassetta della posta	letter box
lo zerbino	doormat
il balcone	balcony
il portinaio	caretaker (m)
trasferirsi	to move in
il pianterreno	ground floor

il campanello

suonare il campanello

la cassetta della posta

lo zerbino

il balcone

il portinaio

trasferirsi

il pianterreno

la casa

abitare in una casa

la vicina

la proprietaria

traslocare

il primo piano

il locatario

lo scantinato

la casa	house
abitare in una casa	to live in a house
la vicina	neighbour (f)
la proprietaria	landlady
traslocare	to move out
il primo piano	first floor
il locatario	tenant (m)
lo scantinato	basement

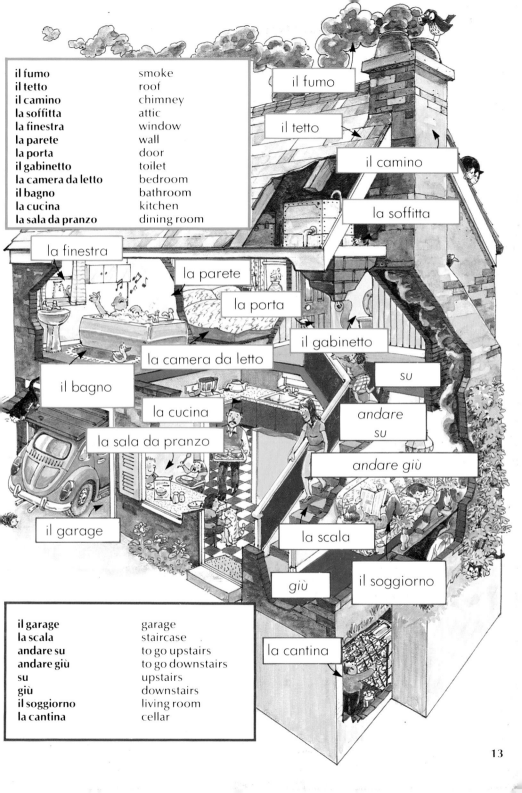

il fumo	smoke
il tetto	roof
il camino	chimney
la soffitta	attic
la finestra	window
la parete	wall
la porta	door
il gabinetto	toilet
la camera da letto	bedroom
il bagno	bathroom
la cucina	kitchen
la sala da pranzo	dining room

il fumo

il tetto

il camino

la soffitta

la finestra

la parete

la porta

il gabinetto

su

andare su

andare giù

la camera da letto

il bagno

la cucina

la sala da pranzo

il garage

la scala

giù

il soggiorno

la cantina

il garage	garage
la scala	staircase
andare su	to go upstairs
andare giù	to go downstairs
su	upstairs
giù	downstairs
il soggiorno	living room
la cantina	cellar

13

Dining room and living room

la sala da pranzo	dining room
la luce	light
il radiatore	radiator
la tavola	table
la sedia	chair
il pavimento	floor
il tappeto	carpet

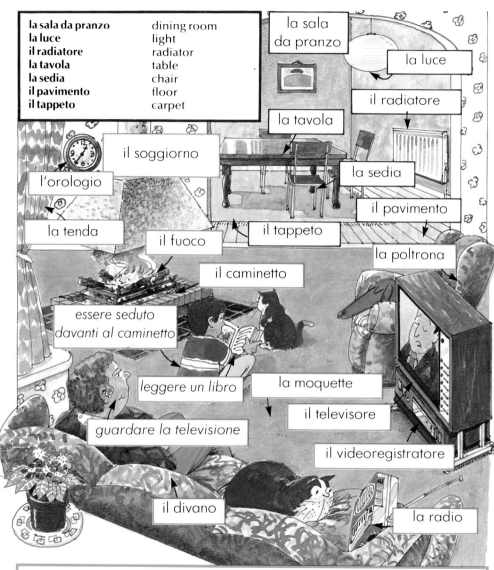

la sala da pranzo

la luce

il radiatore

la tavola

il soggiorno

l'orologio

la sedia

il pavimento

la tenda

il tappeto

il fuoco

la poltrona

il caminetto

essere seduto davanti al caminetto

leggere un libro

la moquette

il televisore

guardare la televisione

il videoregistratore

il divano

la radio

il soggiorno	living room	**leggere un libro**	to read a book
l'orologio (m)	clock	**guardare la televisione**	to watch television
la tenda	curtain	**il divano**	sofa
il fuoco	fire	**la moquette**	fitted carpet
il caminetto	fireplace	**il televisore**	television
la poltrona	armchair	**il videoregistratore**	video
essere seduto(a)	to sit by the fire	**la radio**	radio
davanti al caminetto			

In the kitchen

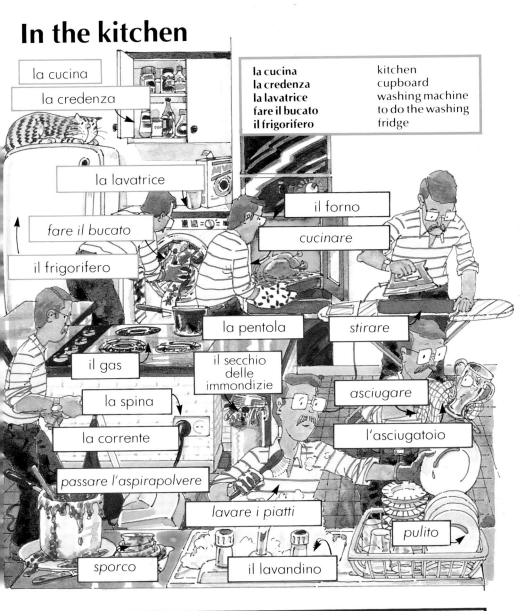

la cucina

la credenza

la lavatrice

fare il bucato

il frigorifero

il forno

cucinare

la pentola

stirare

il gas

il secchio delle immondizie

asciugare

la spina

la corrente

l'asciugatoio

passare l'aspirapolvere

lavare i piatti

pulito

sporco

il lavandino

la cucina	kitchen
la credenza	cupboard
la lavatrice	washing machine
fare il bucato	to do the washing
il frigorifero	fridge

il forno	oven	la corrente	electricity
cucinare	to cook	passare l'aspirapolvere	to vacuum
la pentola	saucepan	lavare i piatti	to wash up
il gas	gas	sporco(a)	dirty
il secchio delle immondizie	bin	il lavandino	sink
stirare	to iron	asciugare	to dry, wipe
la spina	plug	l'asciugatoio (m)	tea towel
		pulito(a)	clean

15

In the garden

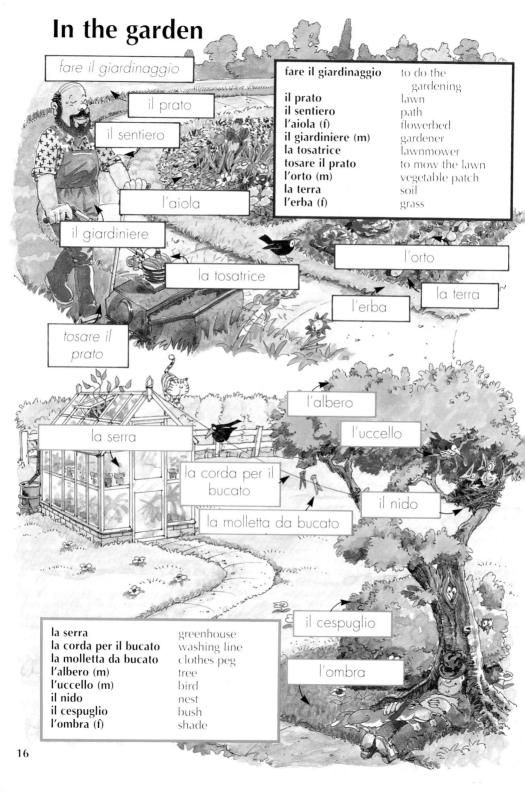

fare il giardinaggio

il prato

il sentiero

l'aiola

il giardiniere

la tosatrice

tosare il prato

fare il giardinaggio	to do the gardening
il prato	lawn
il sentiero	path
l'aiola (f)	flowerbed
il giardiniere (m)	gardener
la tosatrice	lawnmower
tosare il prato	to mow the lawn
l'orto (m)	vegetable patch
la terra	soil
l'erba (f)	grass

l'orto

la terra

l'erba

l'albero

l'uccello

la serra

la corda per il bucato

il nido

la molletta da bucato

il cespuglio

l'ombra

la serra	greenhouse
la corda per il bucato	washing line
la molletta da bucato	clothes peg
l'albero (m)	tree
l'uccello (m)	bird
il nido	nest
il cespuglio	bush
l'ombra (f)	shade

16

l'ape

la farfalla

la rosa

profumata

bella

la vespa

pungere

il crisantemo

il geranio

il tulipano

il trombone

il non-ti-scordar-di-me

il seme

l'erbaccia

piantare

il bulbo

diserbare

l'ape (f)	bee	il tulipano	tulip
la farfalla	butterfly	il non ti scordar di mé	forget-me-not
la vespa	wasp	il trombone	daffodil
pungere	to sting	il seme	seed
la rosa	rose	piantare	to plant
profumato(a)	sweet-smelling	il bulbo	bulb
bello(a)	lovely, beautiful	diserbare	to weed
il crisantemo	chrysanthemum	l'erbaccia (f)	weed
il geranio	geranium		

la vanga

il casotto degli attrezzi

il forcone

l'annaffiatoio

la carriola

la paletta

il rastrello

il casotto degli attrezzi	garden shed
la carriola	wheelbarrow
la paletta	trowel
il rastrello	rake
la vanga	spade
il forcone	fork
l'annaffiatoio (m)	watering can

Pets

il cane	dog
la cuccia	kennel
il cucciolo	puppy
il pelo	fur
la zampa	paw
giocherellone	playful
abbaiare	to bark
ATTENTI AL CANE	BEWARE OF THE DOG
rincorrere	to chase
riportare	to fetch
la coda	tail
scodinzolare	to wag its tail
ringhiare	to growl
portare fuori il cane	to take the dog for a walk

il gatto	cat
il cesto	basket
fare le fusa	to purr
il gattino	kitten
miagolare	to mew
stirarsi	to stretch
l'artiglio (m)	claw
morbido(a)	soft
carino(a)	sweet

il pappagallino	budgie	il coniglio	rabbit
appollaiarsi	to perch	la tartaruga	tortoise
l'ala (f)	wing	la gabbia	cage
il becco	beak	dare da mangiare a	to feed
la penna	feather	il pesce rosso	goldfish
il criceto	hamster	il topo	mouse
il riccio	hedgehog	il vaso dei	goldfish bowl
il porcellino d'India	guinea pig	pesci rossi	

19

Getting up

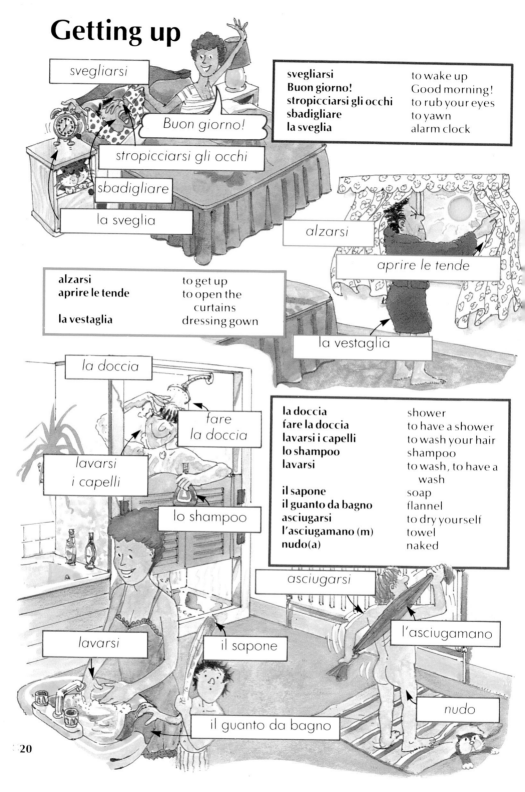

svegliarsi

Buon giorno!

stropicciarsi gli occhi

sbadigliare

la sveglia

svegliarsi	to wake up
Buon giorno!	Good morning!
stropicciarsi gli occhi	to rub your eyes
sbadigliare	to yawn
la sveglia	alarm clock

alzarsi

aprire le tende

alzarsi	to get up
aprire le tende	to open the curtains
la vestaglia	dressing gown

la vestaglia

la doccia

fare la doccia

lavarsi i capelli

lo shampoo

la doccia	shower
fare la doccia	to have a shower
lavarsi i capelli	to wash your hair
lo shampoo	shampoo
lavarsi	to wash, to have a wash
il sapone	soap
il guanto da bagno	flannel
asciugarsi	to dry yourself
l'asciugamano (m)	towel
nudo(a)	naked

asciugarsi

l'asciugamano

lavarsi

il sapone

nudo

il guanto da bagno

20

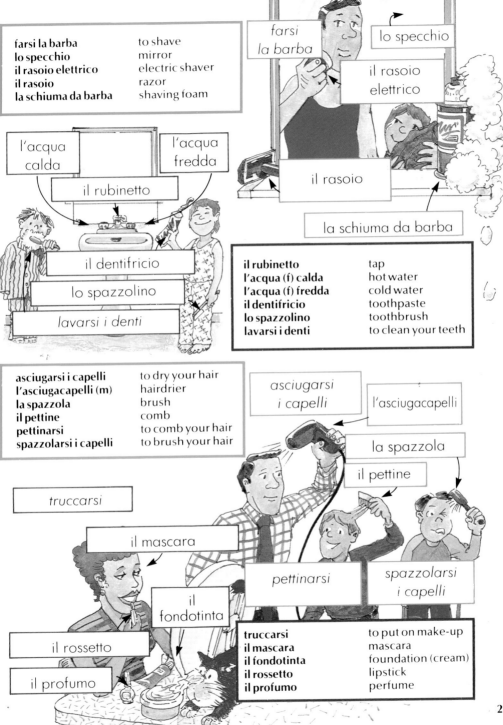

farsi la barba	to shave
lo specchio	mirror
il rasoio elettrico	electric shaver
il rasoio	razor
la schiuma da barba	shaving foam

farsi la barba

lo specchio

il rasoio elettrico

il rasoio

la schiuma da barba

l'acqua calda

l'acqua fredda

il rubinetto

il dentifricio

lo spazzolino

lavarsi i denti

il rubinetto	tap
l'acqua (f) calda	hot water
l'acqua (f) fredda	cold water
il dentifricio	toothpaste
lo spazzolino	toothbrush
lavarsi i denti	to clean your teeth

asciugarsi i capelli	to dry your hair
l'asciugacapelli (m)	hairdrier
la spazzola	brush
il pettine	comb
pettinarsi	to comb your hair
spazzolarsi i capelli	to brush your hair

asciugarsi i capelli

l'asciugacapelli

la spazzola

il pettine

truccarsi

il mascara

pettinarsi

spazzolarsi i capelli

il fondotinta

il rossetto

il profumo

truccarsi	to put on make-up
il mascara	mascara
il fondotinta	foundation (cream)
il rossetto	lipstick
il profumo	perfume

21

Clothes

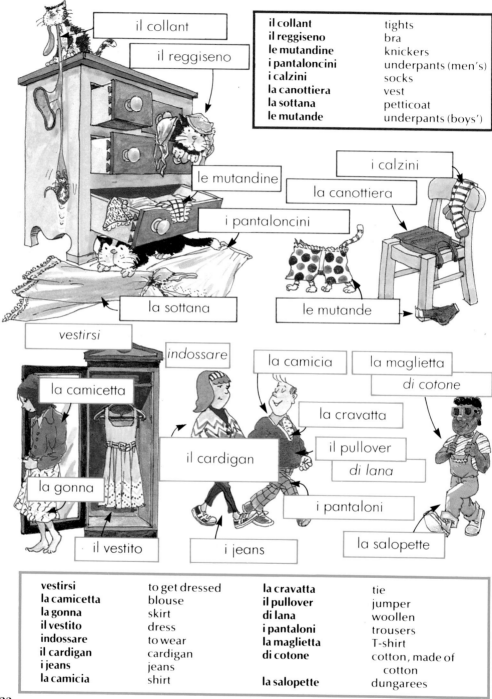

il collant

il reggiseno

il collant	tights
il reggiseno	bra
le mutandine	knickers
i pantaloncini	underpants (men's)
i calzini	socks
la canottiera	vest
la sottana	petticoat
le mutande	underpants (boys')

i calzini

la canottiera

le mutandine

i pantaloncini

la sottana

le mutande

vestirsi

indossare

la camicia

la maglietta

di cotone

la camicetta

la cravatta

il pullover

di lana

il cardigan

la gonna

i pantaloni

il vestito

i jeans

la salopette

vestirsi	to get dressed	la cravatta	tie
la camicetta	blouse	il pullover	jumper
la gonna	skirt	di lana	woollen
il vestito	dress	i pantaloni	trousers
indossare	to wear	la maglietta	T-shirt
il cardigan	cardigan	di cotone	cotton, made of cotton
i jeans	jeans		
la camicia	shirt	la salopette	dungarees

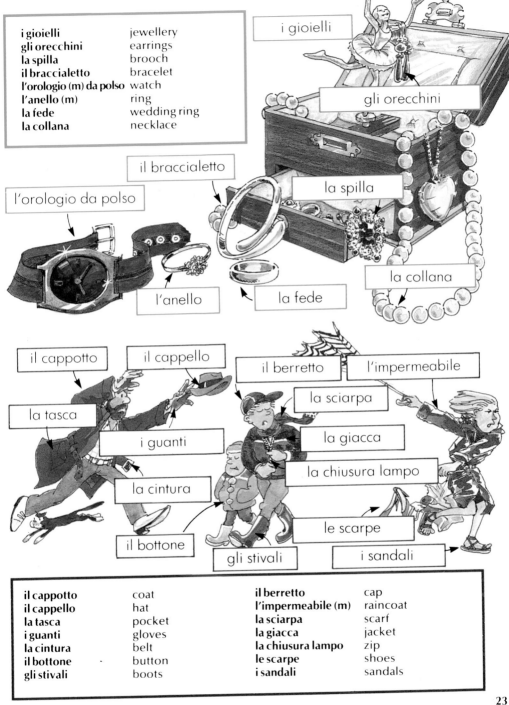

i gioielli	jewellery		
gli orecchini	earrings		
la spilla	brooch		
il braccialetto	bracelet		
l'orologio (m) da polso	watch		
l'anello (m)	ring		
la fede	wedding ring		
la collana	necklace		

i gioielli

gli orecchini

il braccialetto

l'orologio da polso

la spilla

la collana

l'anello

la fede

il cappotto

il cappello

il berretto

l'impermeabile

la tasca

la sciarpa

i guanti

la giacca

la cintura

la chiusura lampo

il bottone

le scarpe

gli stivali

i sandali

il cappotto	coat	il berretto	cap
il cappello	hat	l'impermeabile (m)	raincoat
la tasca	pocket	la sciarpa	scarf
i guanti	gloves	la giacca	jacket
la cintura	belt	la chiusura lampo	zip
il bottone	button	le scarpe	shoes
gli stivali	boots	i sandali	sandals

Going to bed

l'ora (f) di andare a dormire	bedtime
accendere la luce	to switch the light on
avere sonno	to be sleepy
mettere in ordine	to tidy up
svestirsi	to get undressed

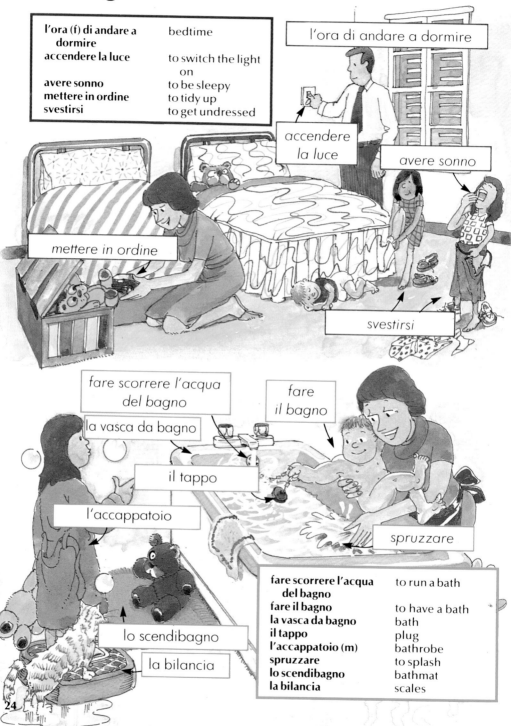

l'ora di andare a dormire

accendere la luce

avere sonno

mettere in ordine

svestirsi

fare scorrere l'acqua del bagno

la vasca da bagno

fare il bagno

il tappo

l'accappatoio

spruzzare

lo scendibagno

la bilancia

fare scorrere l'acqua del bagno	to run a bath
fare il bagno	to have a bath
la vasca da bagno	bath
il tappo	plug
l'accappatoio (m)	bathrobe
spruzzare	to splash
lo scendibagno	bathmat
la bilancia	scales

24

coricarsi

il pigiama

la camicia da notte

coricarsi	to go to bed
il pigiama	pyjamas
la camicia da notte	nightdress
le pantofole	slippers

la ninnananna

leggere una storia

le pantofole

la culla

addormentarsi

la ninnananna	lullaby
leggere una storia	to read a story
la culla	cot
addormentarsi	to fall asleep

Buona notte!

Dormi bene!

sognare

russare

dormire

il guanciale

spegnere la luce

la lampada

il lenzuolo

il piumino

il copriletto

il comodino

il letto

Buona notte!	Good-night!	il comodino	bedside table
Dormi bene!	Sleep well!	il piumino	duvet
sognare	to dream	il letto	bed
dormire	to sleep	russare	to snore
spegnere la luce	to switch the light off	il guanciale	pillow
		il lenzuolo*	sheet
la lampada	bedside lamp	il copriletto	bedspread

25

*Il lenzuolo has an irregular plural: le lenzuola.

Eating and drinking

apparecchiare la tavola	to lay the table
A tavola!	It's ready!
la caffettiera/teiera	coffee-pot/teapot
il tovagliolo	napkin
il bicchiere	glass
il piatto fondo	bowl
il piatto	plate
la tazza	cup
il piattino	saucer
la tovaglia	tablecloth
la brocca	jug
il cucchiaio	spoon
il coltello	knife
la forchetta	fork

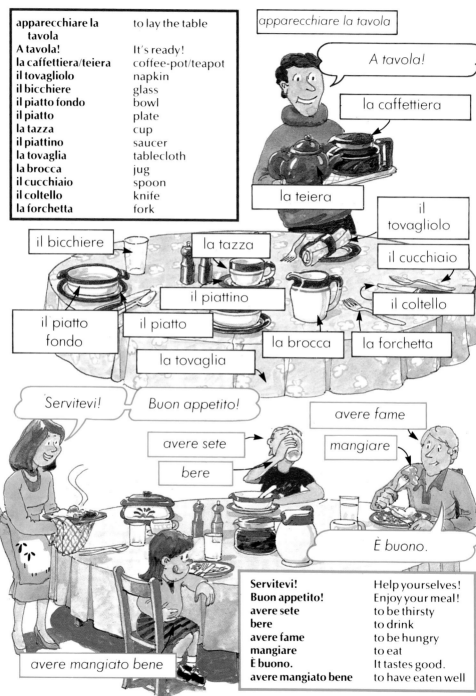

apparecchiare la tavola

A tavola!

la caffettiera

la teiera

il tovagliolo

il cucchiaio

il coltello

il bicchiere

la tazza

il piattino

il piatto

la brocca

la forchetta

il piatto fondo

la tovaglia

Servitevi!

Buon appetito!

avere fame

avere sete

mangiare

bere

È buono.

avere mangiato bene

Servitevi!	Help yourselves!
Buon appetito!	Enjoy your meal!
avere sete	to be thirsty
bere	to drink
avere fame	to be hungry
mangiare	to eat
È buono.	It tastes good.
avere mangiato bene	to have eaten well

26

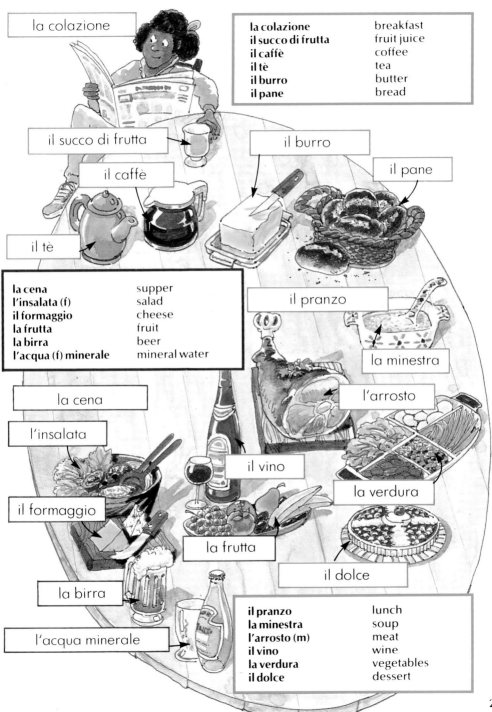

la colazione

la colazione	breakfast
il succo di frutta	fruit juice
il caffè	coffee
il tè	tea
il burro	butter
il pane	bread

il succo di frutta

il burro

il caffè

il pane

il tè

la cena	supper
l'insalata (f)	salad
il formaggio	cheese
la frutta	fruit
la birra	beer
l'acqua (f) minerale	mineral water

il pranzo

la minestra

la cena

l'arrosto

l'insalata

il vino

la verdura

il formaggio

la frutta

la birra

il dolce

l'acqua minerale

il pranzo	lunch
la minestra	soup
l'arrosto (m)	meat
il vino	wine
la verdura	vegetables
il dolce	dessert

27

Buying food

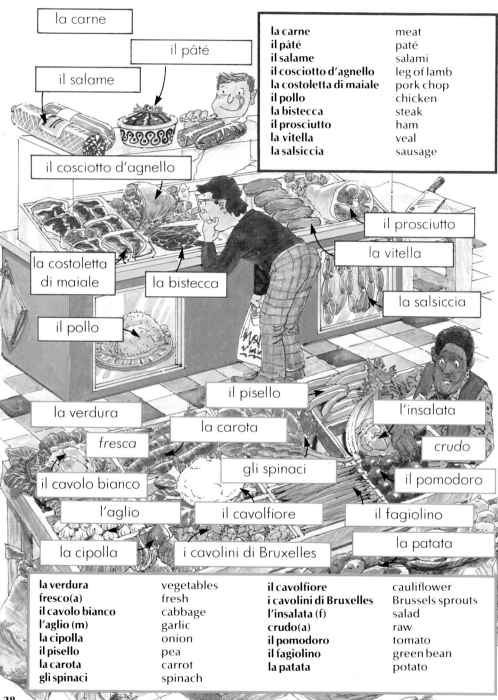

la carne

il pâté

il salame

la carne	meat
il pâté	paté
il salame	salami
il cosciotto d'agnello	leg of lamb
la costoletta di maiale	pork chop
il pollo	chicken
la bistecca	steak
il prosciutto	ham
la vitella	veal
la salsiccia	sausage

il cosciotto d'agnello

il prosciutto

la vitella

la costoletta di maiale

la bistecca

la salsiccia

il pollo

il pisello

la verdura

l'insalata

la carota

fresca

crudo

gli spinaci

il cavolo bianco

il pomodoro

l'aglio

il cavolfiore

il fagiolino

la cipolla

i cavolini di Bruxelles

la patata

la verdura	vegetables	**il cavolfiore**	cauliflower
fresco(a)	fresh	**i cavolini di Bruxelles**	Brussels sprouts
il cavolo bianco	cabbage	**l'insalata (f)**	salad
l'aglio (m)	garlic	**crudo(a)**	raw
la cipolla	onion	**il pomodoro**	tomato
il pisello	pea	**il fagiolino**	green bean
la carota	carrot	**la patata**	potato
gli spinaci	spinach		

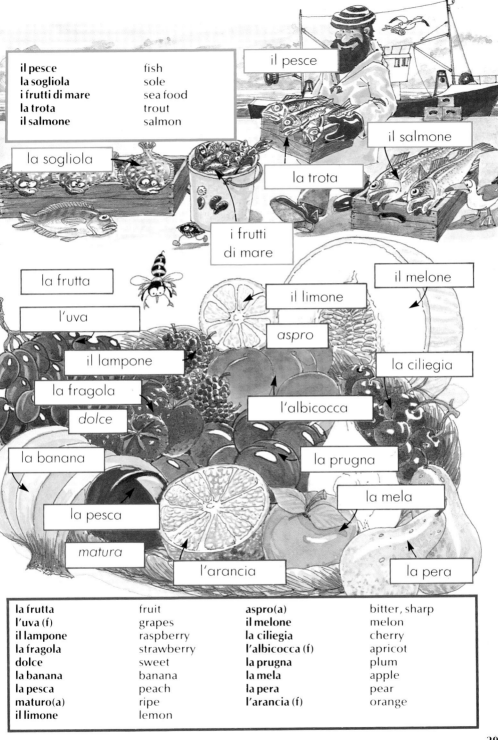

il pesce	fish
la sogliola	sole
i frutti di mare	sea food
la trota	trout
il salmone	salmon

il pesce

il salmone

la sogliola

la trota

i frutti di mare

la frutta

il melone

l'uva

il limone

aspro

il lampone

la ciliegia

la fragola

l'albicocca

dolce

la banana

la prugna

la mela

la pesca

matura

l'arancia

la pera

la frutta	fruit	aspro(a)	bitter, sharp
l'uva (f)	grapes	il melone	melon
il lampone	raspberry	la ciliegia	cherry
la fragola	strawberry	l'albicocca (f)	apricot
dolce	sweet	la prugna	plum
la banana	banana	la mela	apple
la pesca	peach	la pera	pear
maturo(a)	ripe	l'arancia (f)	orange
il limone	lemon		

Buying food

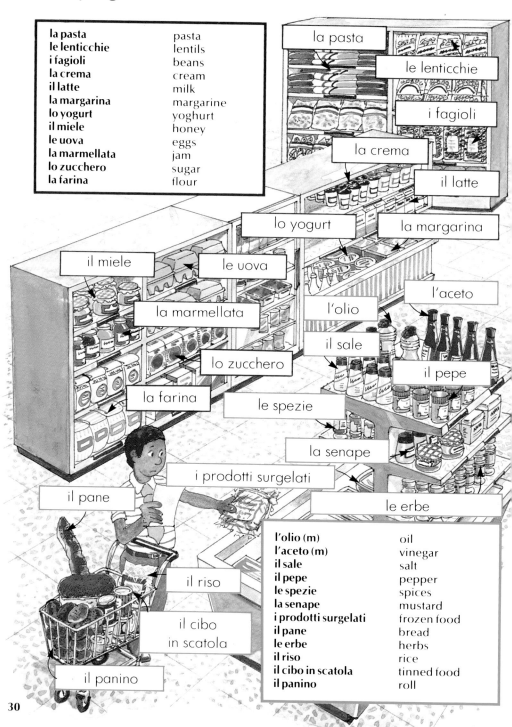

la pasta	pasta
le lenticchie	lentils
i fagioli	beans
la crema	cream
il latte	milk
la margarina	margarine
lo yogurt	yoghurt
il miele	honey
le uova	eggs
la marmellata	jam
lo zucchero	sugar
la farina	flour

la pasta

le lenticchie

i fagioli

la crema

il latte

lo yogurt

la margarina

il miele

le uova

l'aceto

la marmellata

l'olio

il sale

il pepe

lo zucchero

la farina

le spezie

la senape

i prodotti surgelati

il pane

le erbe

il riso

il cibo in scatola

il panino

l'olio (m)	oil
l'aceto (m)	vinegar
il sale	salt
il pepe	pepper
le spezie	spices
la senape	mustard
i prodotti surgelati	frozen food
il pane	bread
le erbe	herbs
il riso	rice
il cibo in scatola	tinned food
il panino	roll

il cioccolato	chocolate
il biscotto	biscuit
il dolce di frutta	fruit tart
il bombolone	doughnut
la torta alla panna	cream cake
il gelato	ice-cream
la pasta	pastry

il cioccolato

il biscotto

il dolce di frutta

il bombolone

la pasta

la torta alla panna

il gelato

cucinare

assaggiare

la ricetta

il sapore

gli ingredienti

mescolare

Squisito!

cucinare	to cook
la ricetta	recipe
gli ingredienti	ingredients
mescolare	to mix
assaggiare	to taste
il sapore	flavour, taste
Squisito!	Delicious!

31

Pastimes

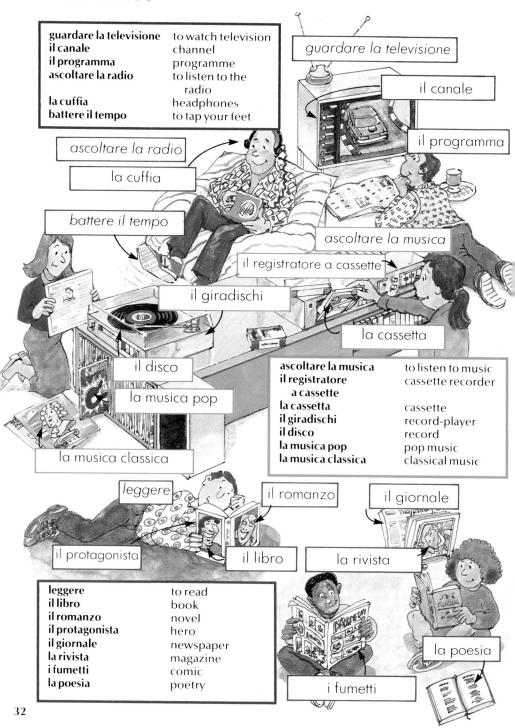

guardare la televisione	to watch television
il canale	channel
il programma	programme
ascoltare la radio	to listen to the radio
la cuffia	headphones
battere il tempo	to tap your feet

guardare la televisione

il canale

il programma

ascoltare la radio

la cuffia

battere il tempo

ascoltare la musica

il registratore a cassette

il giradischi

la cassetta

il disco

la musica pop

la musica classica

ascoltare la musica	to listen to music
il registratore a cassette	cassette recorder
la cassetta	cassette
il giradischi	record-player
il disco	record
la musica pop	pop music
la musica classica	classical music

leggere

il romanzo

il giornale

il protagonista

il libro

la rivista

la poesia

i fumetti

leggere	to read
il libro	book
il romanzo	novel
il protagonista	hero
il giornale	newspaper
la rivista	magazine
i fumetti	comic
la poesia	poetry

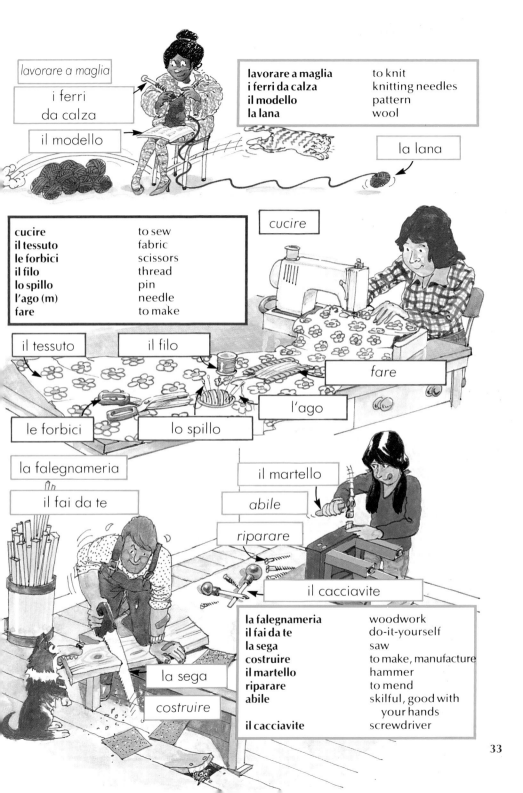

lavorare a maglia

i ferri da calza

il modello

lavorare a maglia	to knit
i ferri da calza	knitting needles
il modello	pattern
la lana	wool

la lana

cucire	to sew
il tessuto	fabric
le forbici	scissors
il filo	thread
lo spillo	pin
l'ago (m)	needle
fare	to make

cucire

il tessuto

il filo

fare

l'ago

le forbici

lo spillo

la falegnameria

il fai da te

il martello

abile

riparare

il cacciavite

la falegnameria	woodwork
il fai da te	do-it-yourself
la sega	saw
costruire	to make, manufacture
il martello	hammer
riparare	to mend
abile	skilful, good with your hands
il cacciavite	screwdriver

la sega

costruire

33

Pastimes

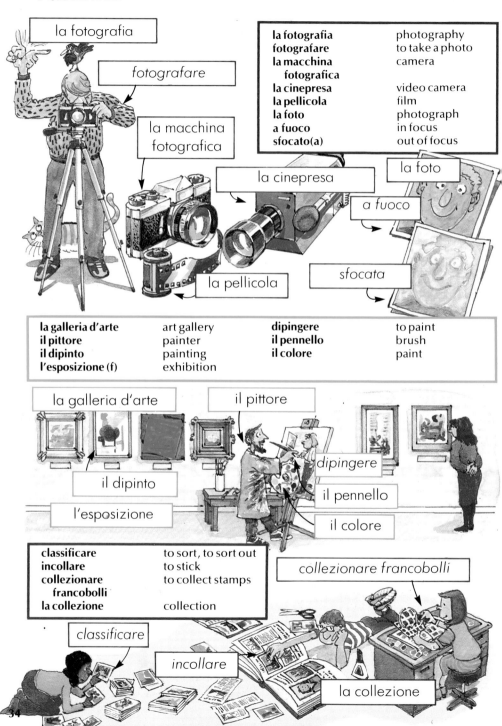

la fotografia

fotografare

la macchina fotografica

la fotografia	photography
fotografare	to take a photo
la macchina fotografica	camera
la cinepresa	video camera
la pellicola	film
la foto	photograph
a fuoco	in focus
sfocato(a)	out of focus

la cinepresa

la foto

a fuoco

sfocata

la pellicola

la galleria d'arte	art gallery	dipingere	to paint
il pittore	painter	il pennello	brush
il dipinto	painting	il colore	paint
l'esposizione (f)	exhibition		

la galleria d'arte

il pittore

il dipinto

dipingere

l'esposizione

il pennello

il colore

classificare	to sort, to sort out
incollare	to stick
collezionare francobolli	to collect stamps
la collezione	collection

collezionare francobolli

classificare

incollare

la collezione

34

la musicista	musician (f)	**suonare la batteria**	to play the drums
lo strumento	instrument	**suonare la tromba**	to play the trumpet
suonare il violino	to play the violin	**suonare il violoncello**	to play the cello
suonare il piano	to play the piano	**l'orchestra (f)**	orchestra
suonare la chitarra	to play the guitar	**il direttore d'orchestra**	conductor (m/f)

la musicista

lo strumento

suonare il violino

suonare il piano

suonare la chitarra

suonare la batteria

suonare la tromba

suonare il violoncello

l'orchestra

il direttore d'orchestra

cantare

la melodia

cantare	to sing
la melodia	tune
il coro	choir
stonare	to sing out of tune

stonare

i giochi

il coro

i giochi	games
giocare a carte	to play cards
giocare a dama	to play draughts
giocare a scacchi	to play chess
il gioco da tavola	board game

giocare a carte

giocare a dama

il gioco da tavola

giocare a scacchi

Going out

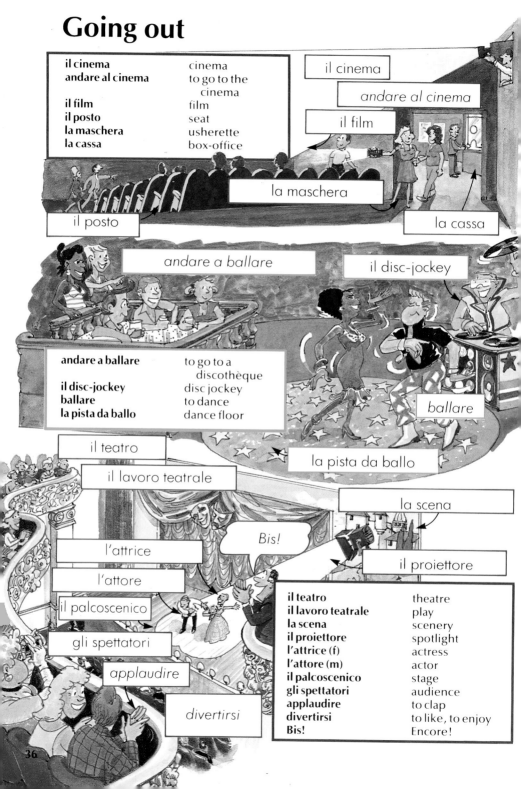

il cinema	cinema
andare al cinema	to go to the cinema
il film	film
il posto	seat
la maschera	usherette
la cassa	box-office

il cinema

andare al cinema

il film

la maschera

il posto

la cassa

andare a ballare

il disc-jockey

andare a ballare	to go to a discothèque
il disc-jockey	disc jockey
ballare	to dance
la pista da ballo	dance floor

ballare

la pista da ballo

il teatro

il lavoro teatrale

la scena

Bis!

l'attrice

il proiettore

l'attore

il palcoscenico

gli spettatori

applaudire

divertirsi

il teatro	theatre
il lavoro teatrale	play
la scena	scenery
il proiettore	spotlight
l'attrice (f)	actress
l'attore (m)	actor
il palcoscenico	stage
gli spettatori	audience
applaudire	to clap
divertirsi	to like, to enjoy
Bis!	Encore!

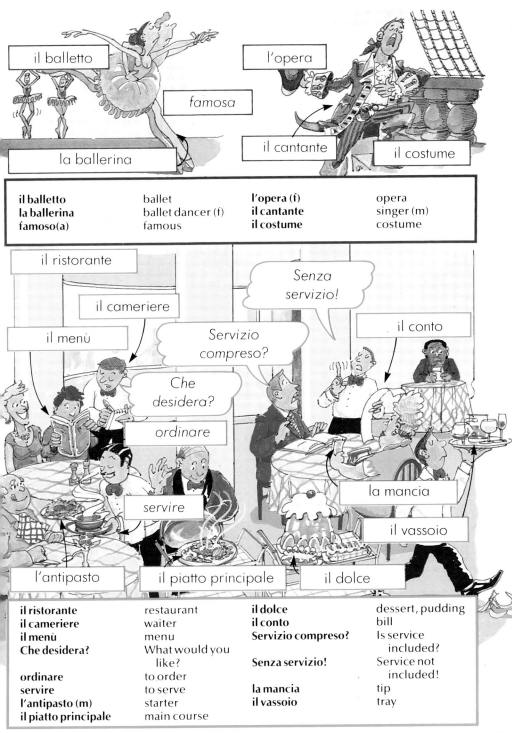

il balletto	ballet	**l'opera (f)**	opera
la ballerina	ballet dancer (f)	**il cantante**	singer (m)
famoso(a)	famous	**il costume**	costume

il ristorante	restaurant	**il dolce**	dessert, pudding
il cameriere	waiter	**il conto**	bill
il menù	menu	**Servizio compreso?**	Is service included?
Che desidera?	What would you like?		
		Senza servizio!	Service not included!
ordinare	to order		
servire	to serve	**la mancia**	tip
l'antipasto (m)	starter	**il vassoio**	tray
il piatto principale	main course		

37

At the zoo

lo zoo	zoo
l'animale (m)	animal
la zebra	zebra
la giraffa	giraffe
l'orso (m) bianco	polar bear
l'elefante (m)	elephant
la proboscide	trunk
la zanna	tusk
il gorilla	gorilla
feroce	wild
docile	tame
dare da mangiare a	to feed
il guardiano	zoo keeper (m)

lo zoo

l'animale

la zebra

la giraffa

l'orso bianco

la proboscide

l'elefante

il gorilla

feroce

docile

la zanna

dare da mangiare a

il guardiano

In the park

il parco	park
lo stagno	pond
la barca a remi	rowing boat
remare	to row
il remo	oar
il picnic	picnic
la panchina	bench
riposarsi	to rest

il parco

lo stagno

il remo

la barca a remi

remare

riposarsi

il picnic

la panchina

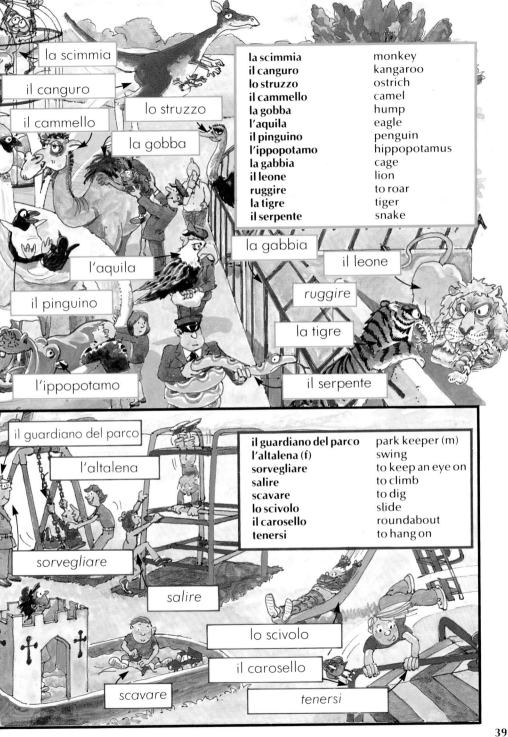

la scimmia

il canguro

lo struzzo

il cammello

la gobba

la scimmia	monkey
il canguro	kangaroo
lo struzzo	ostrich
il cammello	camel
la gobba	hump
l'aquila	eagle
il pinguino	penguin
l'ippopotamo	hippopotamus
la gabbia	cage
il leone	lion
ruggire	to roar
la tigre	tiger
il serpente	snake

la gabbia

il leone

l'aquila

ruggire

il pinguino

la tigre

l'ippopotamo

il serpente

il guardiano del parco

l'altalena

il guardiano del parco	park keeper (m)
l'altalena (f)	swing
sorvegliare	to keep an eye on
salire	to climb
scavare	to dig
lo scivolo	slide
il carosello	roundabout
tenersi	to hang on

sorvegliare

salire

lo scivolo

il carosello

scavare

tenersi

39

In the city

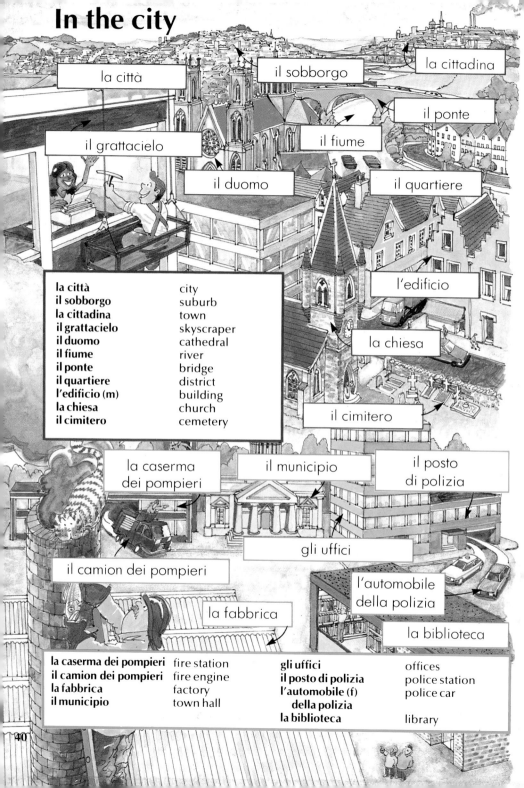

la città

il sobborgo

la cittadina

il ponte

il grattacielo

il fiume

il duomo

il quartiere

l'edificio

la chiesa

la città	city
il sobborgo	suburb
la cittadina	town
il grattacielo	skyscraper
il duomo	cathedral
il fiume	river
il ponte	bridge
il quartiere	district
l'edificio (m)	building
la chiesa	church
il cimitero	cemetery

il cimitero

la caserma dei pompieri

il municipio

il posto di polizia

gli uffici

il camion dei pompieri

l'automobile della polizia

la fabbrica

la biblioteca

la caserma dei pompieri	fire station	**gli uffici**	offices
il camion dei pompieri	fire engine	**il posto di polizia**	police station
la fabbrica	factory	**l'automobile (f) della polizia**	police car
il municipio	town hall	**la biblioteca**	library

40

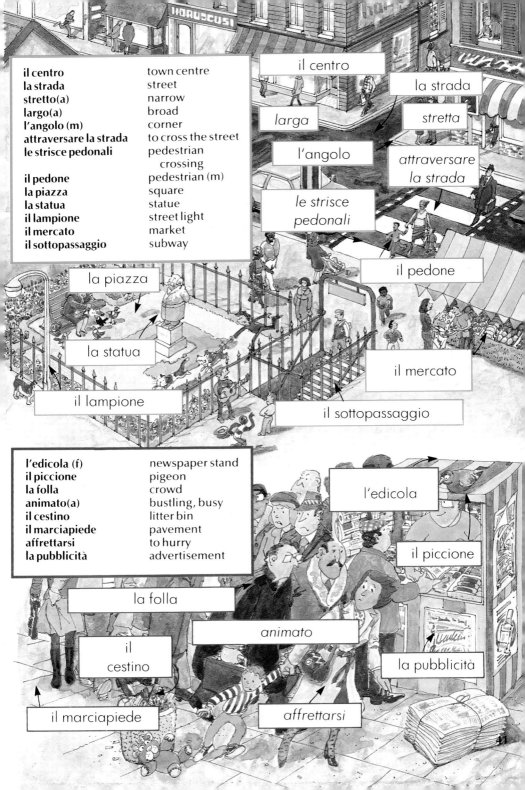

il centro	town centre
la strada	street
stretto(a)	narrow
largo(a)	broad
l'angolo (m)	corner
attraversare la strada	to cross the street
le strisce pedonali	pedestrian crossing
il pedone	pedestrian (m)
la piazza	square
la statua	statue
il lampione	street light
il mercato	market
il sottopassaggio	subway

il centro

la strada

larga

stretta

l'angolo

attraversare la strada

le strisce pedonali

il pedone

la piazza

la statua

il mercato

il lampione

il sottopassaggio

l'edicola (f)	newspaper stand
il piccione	pigeon
la folla	crowd
animato(a)	bustling, busy
il cestino	litter bin
il marciapiede	pavement
affrettarsi	to hurry
la pubblicità	advertisement

l'edicola

il piccione

la folla

animato

la pubblicità

il cestino

il marciapiede

affrettarsi

41

Shopping

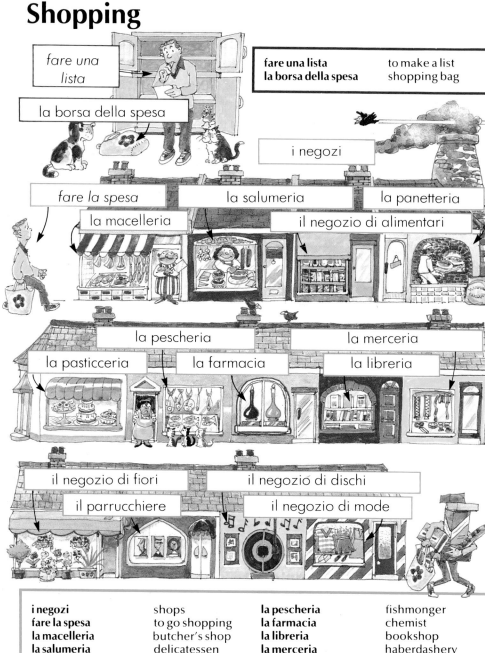

fare una lista

la borsa della spesa

fare una lista	to make a list
la borsa della spesa	shopping bag

i negozi

fare la spesa

la salumeria

la panetteria

la macelleria

il negozio di alimentari

la pescheria

la merceria

la pasticceria

la farmacia

la libreria

il negozio di fiori

il negozio di dischi

il parrucchiere

il negozio di mode

i negozi	shops	**la pescheria**	fishmonger
fare la spesa	to go shopping	**la farmacia**	chemist
la macelleria	butcher's shop	**la libreria**	bookshop
la salumeria	delicatessen	**la merceria**	haberdashery
il negozio di alimentari	grocery shop	**il negozio di fiori**	florist
		il parrucchiere	hairdresser
la panetteria	bakery	**il negozio di dischi**	record shop
la pasticceria	cake shop	**il negozio di mode**	boutique

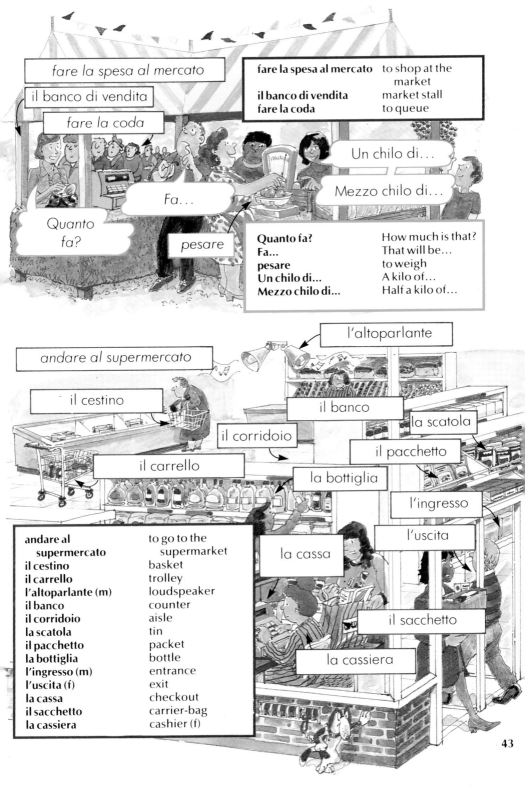

fare la spesa al mercato

il banco di vendita

fare la coda

Fa…

Quanto fa?

pesare

Un chilo di…

Mezzo chilo di…

fare la spesa al mercato	to shop at the market
il banco di vendita	market stall
fare la coda	to queue

Quanto fa?	How much is that?
Fa…	That will be…
pesare	to weigh
Un chilo di…	A kilo of…
Mezzo chilo di…	Half a kilo of…

andare al supermercato

l'altoparlante

il cestino

il banco

la scatola

il corridoio

il pacchetto

il carrello

la bottiglia

l'ingresso

l'uscita

la cassa

il sacchetto

la cassiera

andare al supermercato	to go to the supermarket
il cestino	basket
il carrello	trolley
l'altoparlante (m)	loudspeaker
il banco	counter
il corridoio	aisle
la scatola	tin
il pacchetto	packet
la bottiglia	bottle
l'ingresso (m)	entrance
l'uscita (f)	exit
la cassa	checkout
il sacchetto	carrier-bag
la cassiera	cashier (f)

43

Shopping

passeggiare guardando le vetrine	to go window-shopping	**SVENDITA**	SALE
la vetrina	window display, shop window	**l'affare (f)**	bargain
		la cliente	customer (f)
È a buon mercato.	It's good value.	**comprare**	to buy
È caro(a).	It's expensive.	**la commessa**	shop assistant (f)
		vendere	to sell

passeggiare guardando le vetrine

la cliente

la vetrina

comprare

È a buon mercato.

È caro.

la commessa

vendere

SVENDITA SVENDITA

l'affare

spendere soldi

Che cosa desidera?

Che taglia è?

piccolo

il prezzo

Vorrei...

medio

grande

Quanto costa...?

lo scontrino

Costa...

spendere soldi	to spend money	**piccolo(a)**	small
il prezzo	price	**medio(a)**	medium
lo scontrino	receipt	**grande**	large
Che cosa desidera?	Can I help you?	**Quanto costa...?**	How much is...?
Vorrei...	I would like...	**Costa...**	It costs...
Che taglia è?	What size is this?		

la cartoleria-libreria	bookshop and stationer's	**la cartolina**	postcard
il libro	book	**la penna a sfera**	ball-point pen
il libro tascabile	paperback	**la matita**	pencil
la busta	envelope	**la carta da lettere**	writing paper

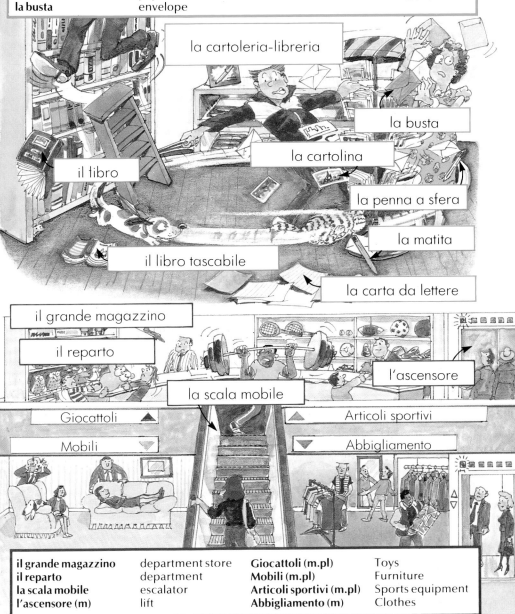

la cartoleria-libreria

la busta

la cartolina

la penna a sfera

il libro

la matita

il libro tascabile

la carta da lettere

il grande magazzino

il reparto

l'ascensore

la scala mobile

Giocattoli

Articoli sportivi

Mobili

Abbigliamento

il grande magazzino	department store	**Giocattoli (m.pl)**	Toys
il reparto	department	**Mobili (m.pl)**	Furniture
la scala mobile	escalator	**Articoli sportivi (m.pl)**	Sports equipment
l'ascensore (m)	lift	**Abbigliamento (m)**	Clothes

45

At the post office and bank

l'ufficio postale (m)	post office	il telegramma	telegram
la buca delle lettere	post-box	il modulo	form
imbucare	to post	il francobollo	stamp
la lettera	letter	posta aerea	airmail
il pacco	parcel	l'indirizzo (m)	address
la levata delle lettere	collection times	il codice postale	postal code
mandare	to send		

l'ufficio postale

la buca delle lettere

imbucare

la lettera

la levata delle lettere

il pacco

il postino

posta aerea

la posta

distribuire

mandare

il telegramma

il modulo

il francobollo

l'indirizzo

il codice postale

il postino	postman
la posta	mail
distribuire	to deliver

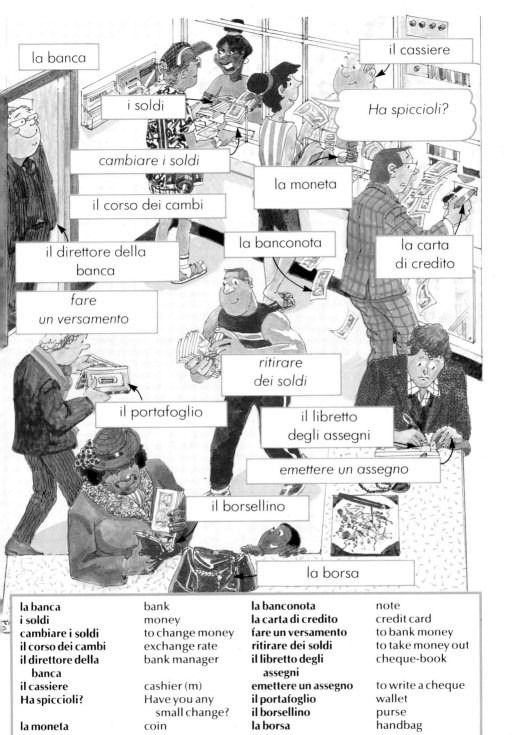

la banca

il cassiere

i soldi

Ha spiccioli?

cambiare i soldi

la moneta

il corso dei cambi

il direttore della banca

la banconota

la carta di credito

fare un versamento

ritirare dei soldi

il portafoglio

il libretto degli assegni

emettere un assegno

il borsellino

la borsa

la banca	bank	la banconota	note
i soldi	money	la carta di credito	credit card
cambiare i soldi	to change money	fare un versamento	to bank money
il corso dei cambi	exchange rate	ritirare dei soldi	to take money out
il direttore della banca	bank manager	il libretto degli assegni	cheque-book
il cassiere	cashier (m)	emettere un assegno	to write a cheque
Ha spiccioli?	Have you any small change?	il portafoglio	wallet
		il borsellino	purse
la moneta	coin	la borsa	handbag

Phonecalls and letters

telefonare	to make a telephone call	**squillare**	to ring
il telefono	telephone	**rispondere al telefono**	to answer the telephone
il ricevitore	receiver	**Pronto!**	Hello!
staccare il ricevitore	to pick up the receiver	**Chi parla?**	Who's speaking?
comporre il numero	to dial the number	**Sono Carla.**	It's Carla.
il numero di telefono	telephone number	**Ti richiamo più tardi.**	I'll call you back.
il prefisso	area code	**A dopo!**	Goodbye!
l'elenco (m) telefonico	telephone directory	**riattaccare**	to hang up

la cabina telefonica	telephone box
l'emergenza (f)	emergency
la chiamata d'emergenza	a 911 call

scrivere una lettera

Egregi Signori,

12 marzo 1989

Vi ringrazio della Vostra lettera del...

In allegato trovate...

...a giro di posta.

Con i migliori saluti...

scrivere una lettera	to write a letter	**a giro di posta**	by return
Egregi Signori,	Dear Sir/Madam,	**Con i migliori**	Yours faithfully,
Vi ringrazio della	Thank you for your	**saluti...**	
Vostra lettera del...	letter of...		
In allegato trovate	Please find enclosed		

aprire una lettera

Cara Carla,

9 gennaio 1999

La tua lettera mi ha fatto molto piacere. Ti invìo con plico separato...

Tanti baci...

aprire una lettera	to open a letter	**Ti invìo con plico**	I am sending...
Cara Carla,	Dear Carla,	**separato...**	separately.
La tua lettera mi ha	It was lovely to	**Tanti baci...**	Love from...
fatto molto piacere.	hear from you.		

mandare una cartolina postale

mandare un telegramma

È molto bello qui. Peccato che tu non sia qui.

Urgente stop chiamare subito a casa stop

mandare una carto-	to send a postcard	**mandare un**	to send a telegram
lina postale		**telegramma**	
È molto bello qui.	Its really lovely here.	**Urgente stop**	Urgent message
Peccato che tu non	Wish you were here.	**chiamare subito**	stop phone
sia qui.		**a casa stop**	home stop

49

Out and about

camminare	to walk	**domandare la strada**	to ask the way
correre	to run	**la pianta**	map
il passeggino	push-chair	**l'indicatore (m)**	signpost
In quale direzione	Which way is…?	**stradale**	
è?		**È distante...?**	Is it far to…?

andare in autobus	to take the bus	**l'autobus (m)**	bus
il passeggero	passenger	**la fermata**	bus stop
scendere	to get off	**la stazione della**	underground
salire	to get on	**metropolitana**	station
il biglietto	ticket	**la metropolitana**	underground

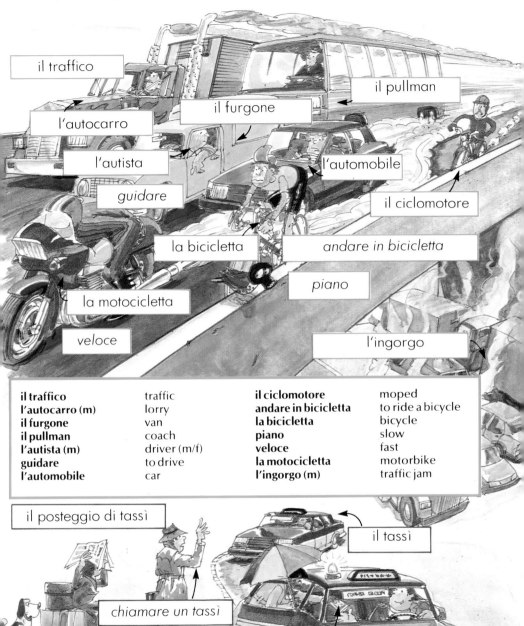

il traffico

l'autocarro

il furgone

il pullman

l'autista

guidare

l'automobile

il ciclomotore

la bicicletta

andare in bicicletta

piano

la motocicletta

veloce

l'ingorgo

il traffico	traffic	il ciclomotore	moped
l'autocarro (m)	lorry	andare in bicicletta	to ride a bicycle
il furgone	van	la bicicletta	bicycle
il pullman	coach	piano	slow
l'autista (m)	driver (m/f)	veloce	fast
guidare	to drive	la motocicletta	motorbike
l'automobile	car	l'ingorgo (m)	traffic jam

il posteggio di tassì

il tassì

chiamare un tassì

il prezzo della corsa

il posteggio di tassì	taxi rank
il tassì	taxi
chiamare un tassì	to hail a taxi
il prezzo della corsa	fare

Driving

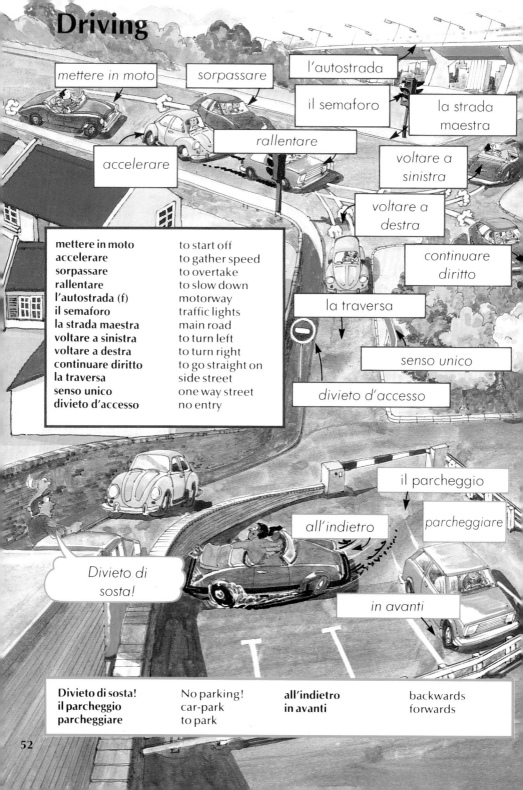

mettere in moto

sorpassare

l'autostrada

il semaforo

la strada maestra

rallentare

accelerare

voltare a sinistra

voltare a destra

continuare diritto

la traversa

senso unico

divieto d'accesso

mettere in moto	to start off
accelerare	to gather speed
sorpassare	to overtake
rallentare	to slow down
l'autostrada (f)	motorway
il semaforo	traffic lights
la strada maestra	main road
voltare a sinistra	to turn left
voltare a destra	to turn right
continuare diritto	to go straight on
la traversa	side street
senso unico	one way street
divieto d'accesso	no entry

il parcheggio

parcheggiare

all'indietro

in avanti

Divieto di sosta!

Divieto di sosta!	No parking!
il parcheggio	car-park
parcheggiare	to park

all'indietro	backwards
in avanti	forwards

52

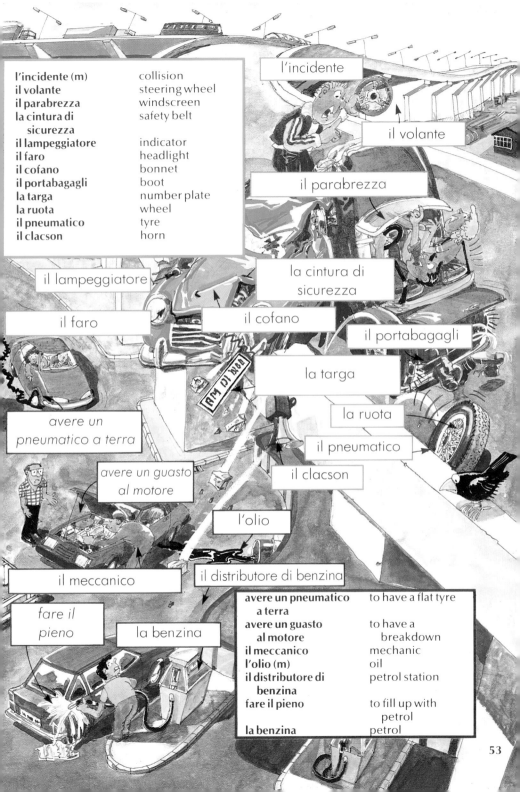

l'incidente (m)	collision
il volante	steering wheel
il parabrezza	windscreen
la cintura di sicurezza	safety belt
il lampeggiatore	indicator
il faro	headlight
il cofano	bonnet
il portabagagli	boot
la targa	number plate
la ruota	wheel
il pneumatico	tyre
il clacson	horn

l'incidente

il volante

il parabrezza

la cintura di sicurezza

il lampeggiatore

il faro

il cofano

il portabagagli

la targa

la ruota

il pneumatico

il clacson

avere un pneumatico a terra

avere un guasto al motore

l'olio

il meccanico

il distributore di benzina

fare il pieno

la benzina

avere un pneumatico a terra	to have a flat tyre
avere un guasto al motore	to have a breakdown
il meccanico	mechanic
l'olio (m)	oil
il distributore di benzina	petrol station
fare il pieno	to fill up with petrol
la benzina	petrol

53

Travelling by train

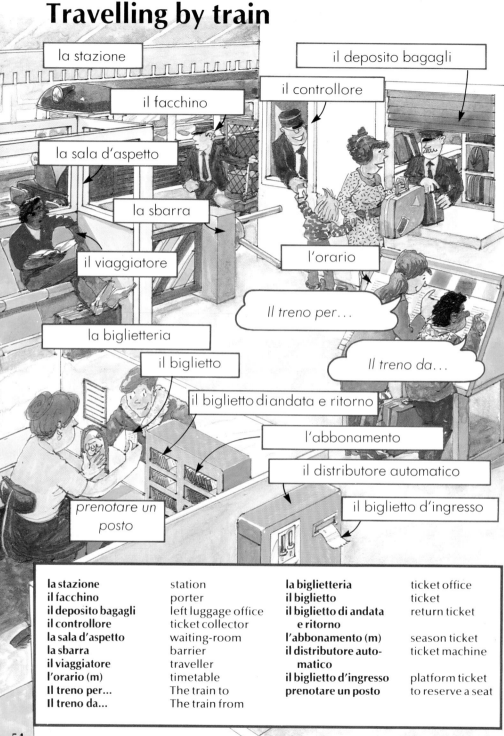

la stazione

il deposito bagagli

il facchino

il controllore

la sala d'aspetto

la sbarra

il viaggiatore

l'orario

Il treno per…

la biglietteria

il biglietto

Il treno da…

il biglietto di andata e ritorno

l'abbonamento

il distributore automatico

prenotare un posto

il biglietto d'ingresso

la stazione	station	**la biglietteria**	ticket office
il facchino	porter	**il biglietto**	ticket
il deposito bagagli	left luggage office	**il biglietto di andata**	return ticket
il controllore	ticket collector	**e ritorno**	
la sala d'aspetto	waiting-room	**l'abbonamento (m)**	season ticket
la sbarra	barrier	**il distributore auto-**	ticket machine
il viaggiatore	traveller	**matico**	
l'orario (m)	timetable	**il biglietto d'ingresso**	platform ticket
Il treno per…	The train to	**prenotare un posto**	to reserve a seat
Il treno da…	The train from		

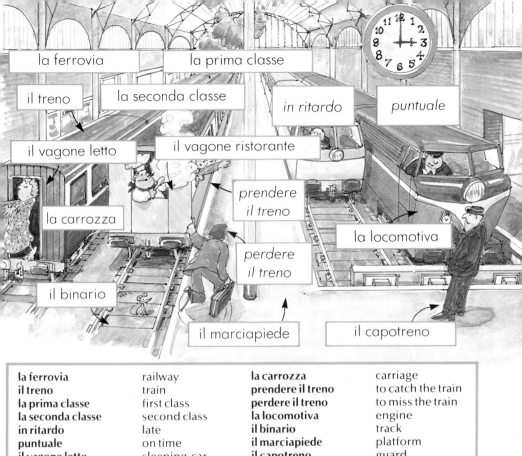

la ferrovia

la prima classe

il treno

la seconda classe

in ritardo

puntuale

il vagone letto

il vagone ristorante

prendere il treno

la carrozza

perdere il treno

la locomotiva

il binario

il marciapiede

il capotreno

la ferrovia	railway	la carrozza	carriage
il treno	train	prendere il treno	to catch the train
la prima classe	first class	perdere il treno	to miss the train
la seconda classe	second class	la locomotiva	engine
in ritardo	late	il binario	track
puntuale	on time	il marciapiede	platform
il vagone letto	sleeping-car	il capotreno	guard
il vagone ristorante	buffet car		

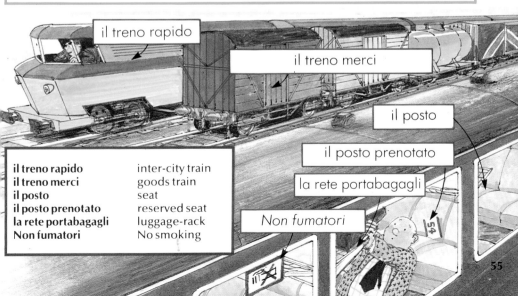

il treno rapido

il treno merci

il posto

il posto prenotato

la rete portabagagli

Non fumatori

il treno rapido	inter-city train
il treno merci	goods train
il posto	seat
il posto prenotato	reserved seat
la rete portabagagli	luggage-rack
Non fumatori	No smoking

55

Travelling by plane and boat

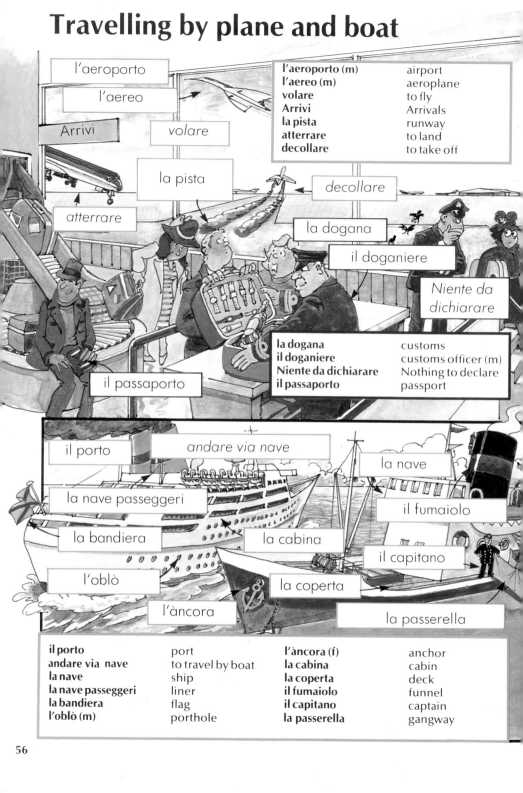

l'aeroporto

l'aereo

Arrivi

volare

la pista

atterrare

decollare

la dogana

il doganiere

Niente da dichiarare

il passaporto

l'aeroporto (m)	airport
l'aereo (m)	aeroplane
volare	to fly
Arrivi	Arrivals
la pista	runway
atterrare	to land
decollare	to take off

la dogana	customs
il doganiere	customs officer (m)
Niente da dichiarare	Nothing to declare
il passaporto	passport

il porto

andare via nave

la nave

la nave passeggeri

il fumaiolo

la bandiera

la cabina

il capitano

l'oblò

la coperta

l'àncora

la passerella

il porto	port	l'àncora (f)	anchor
andare via nave	to travel by boat	la cabina	cabin
la nave	ship	la coperta	deck
la nave passeggeri	liner	il fumaiolo	funnel
la bandiera	flag	il capitano	captain
l'oblò (m)	porthole	la passerella	gangway

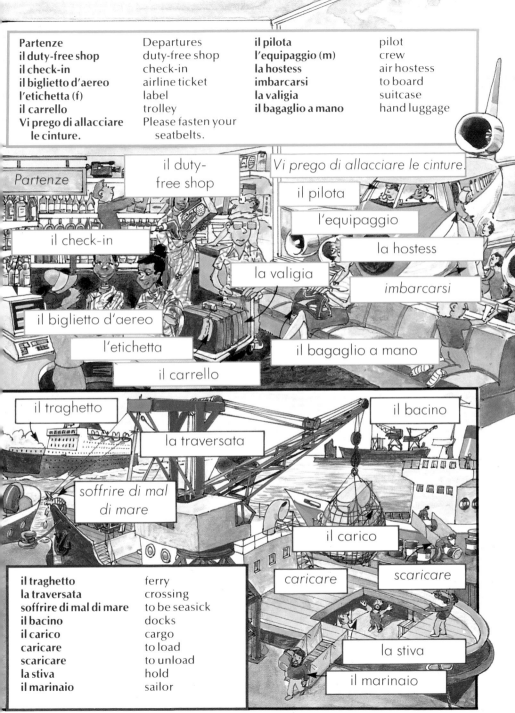

Partenze	Departures	il pilota	pilot
il duty-free shop	duty-free shop	l'equipaggio (m)	crew
il check-in	check-in	la hostess	air hostess
il biglietto d'aereo	airline ticket	imbarcarsi	to board
l'etichetta (f)	label	la valigia	suitcase
il carrello	trolley	il bagaglio a mano	hand luggage
Vi prego di allacciare le cinture.	Please fasten your seatbelts.		

Partenze

il duty-free shop

Vi prego di allacciare le cinture.

il pilota

il check-in

l'equipaggio

la hostess

la valigia

imbarcarsi

il biglietto d'aereo

l'etichetta

il bagaglio a mano

il carrello

il traghetto

la traversata

il bacino

soffrire di mal di mare

il carico

caricare

scaricare

la stiva

il marinaio

il traghetto	ferry
la traversata	crossing
soffrire di mal di mare	to be seasick
il bacino	docks
il carico	cargo
caricare	to load
scaricare	to unload
la stiva	hold
il marinaio	sailor

Holidays

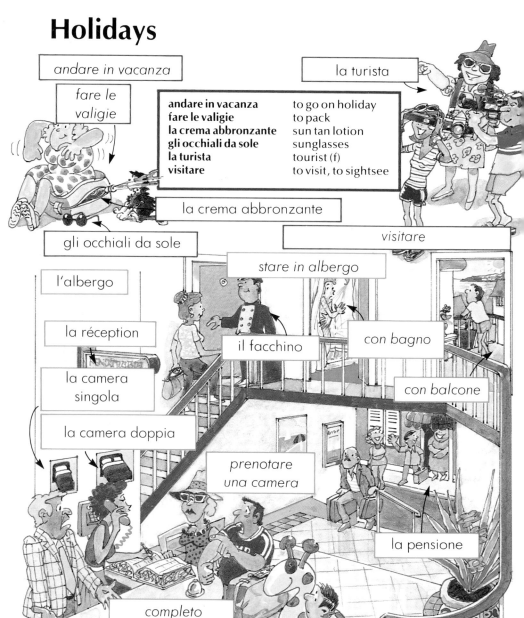

andare in vacanza

la turista

fare le valigie

andare in vacanza	to go on holiday
fare le valigie	to pack
la crema abbronzante	sun tan lotion
gli occhiali da sole	sunglasses
la turista	tourist (f)
visitare	to visit, to sightsee

la crema abbronzante

gli occhiali da sole

visitare

l'albergo

stare in albergo

la réception

il facchino

con bagno

la camera singola

con balcone

la camera doppia

prenotare una camera

la pensione

completo

l'albergo (m)	hotel	**prenotare una camera**	to reserve a room
stare in albergo	to stay in a hotel	**completo(a)**	fully booked
la réception	reception	**con bagno**	with bathroom
il facchino	porter	**con balcone**	with balcony
la camera singola	single room	**la pensione**	guest house
la camera doppia	double room		

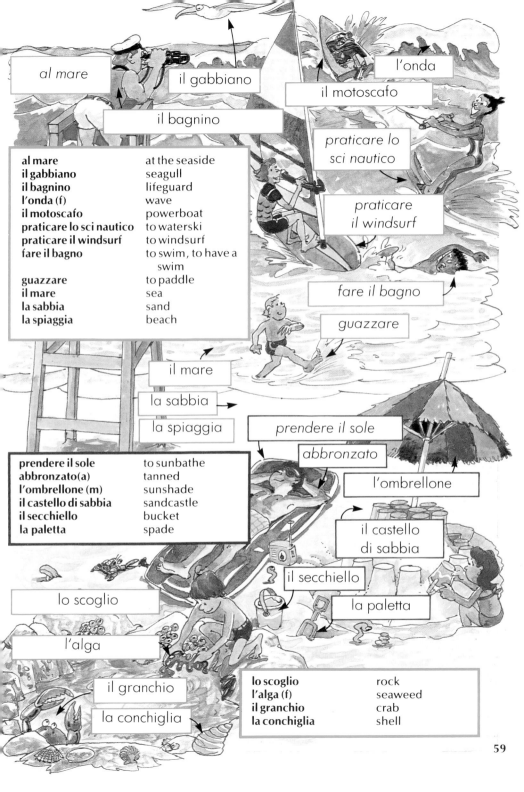

al mare

il gabbiano

il bagnino

l'onda

il motoscafo

praticare lo
sci nautico

praticare
il windsurf

fare il bagno

guazzare

al mare	at the seaside
il gabbiano	seagull
il bagnino	lifeguard
l'onda (f)	wave
il motoscafo	powerboat
praticare lo sci nautico	to waterski
praticare il windsurf	to windsurf
fare il bagno	to swim, to have a swim
guazzare	to paddle
il mare	sea
la sabbia	sand
la spiaggia	beach

il mare

la sabbia

la spiaggia

prendere il sole

abbronzato

l'ombrellone

il castello
di sabbia

il secchiello

la paletta

prendere il sole	to sunbathe
abbronzato(a)	tanned
l'ombrellone (m)	sunshade
il castello di sabbia	sandcastle
il secchiello	bucket
la paletta	spade

lo scoglio

l'alga

il granchio

la conchiglia

lo scoglio	rock
l'alga (f)	seaweed
il granchio	crab
la conchiglia	shell

Holidays

fare alpinismo	to go mountaineering
la montagna	mountain
la cima	summit
il panorama	view
ripido(a)	steep
scalare	to climb
l'alpinista (m)	climber (m/f)
lo zaino	rucksack, backpack

andare a sciare

la stazione invernale

la cima

fare alpinismo

la seggiovia

il panorama

la montagna

scalare

ripido

l'alpinista

il maestro di sci

lo zaino

la pista

la slitta

il bastone da sci

gli scarponi da sci

gli sci

andare a sciare	to go skiing
la stazione invernale	ski resort
la seggiovia	chairlift
il maestro di sci	ski instructor
la pista	ski slope, ski run
la slitta	sledge
il bastone da sci	ski pole
gli scarponi da sci	ski boots
gli sci	skis

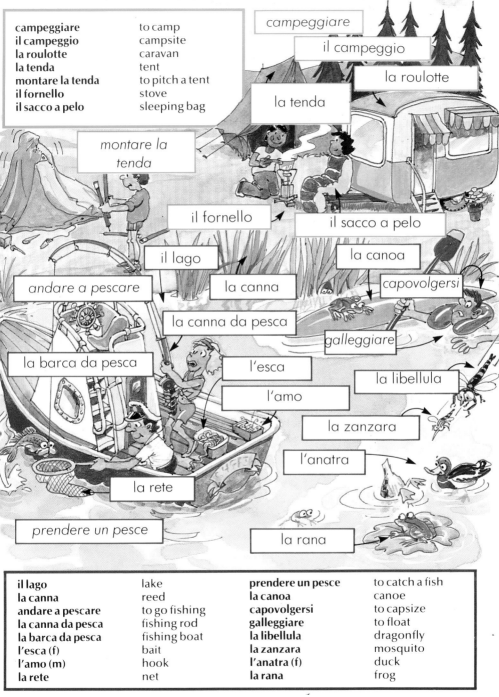

campeggiare	to camp		campeggiare	
il campeggio	campsite		il campeggio	
la roulotte	caravan		la roulotte	
la tenda	tent		la tenda	
montare la tenda	to pitch a tent			
il fornello	stove			
il sacco a pelo	sleeping bag			

montare la tenda

il fornello

il sacco a pelo

il lago

la canoa

andare a pescare

la canna

capovolgersi

la canna da pesca

galleggiare

la barca da pesca

l'esca

la libellula

l'amo

la zanzara

l'anatra

la rete

prendere un pesce

la rana

il lago	lake	prendere un pesce	to catch a fish
la canna	reed	la canoa	canoe
andare a pescare	to go fishing	capovolgersi	to capsize
la canna da pesca	fishing rod	galleggiare	to float
la barca da pesca	fishing boat	la libellula	dragonfly
l'esca (f)	bait	la zanzara	mosquito
l'amo (m)	hook	l'anatra (f)	duck
la rete	net	la rana	frog

In the countryside

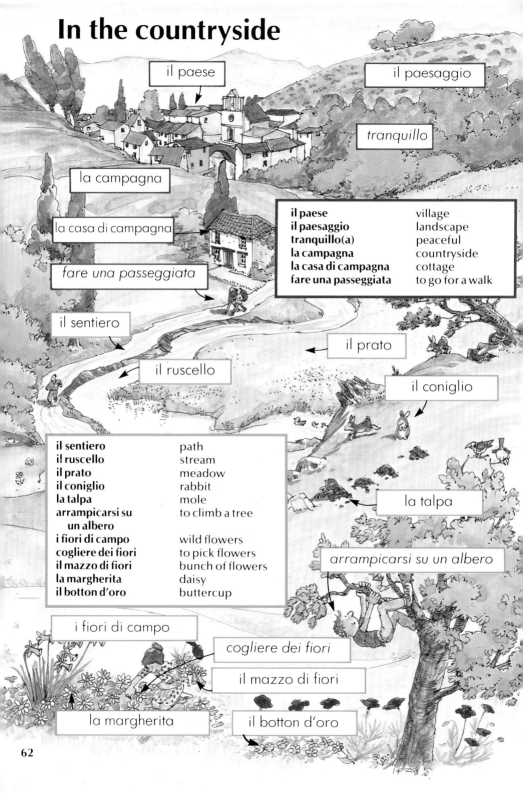

il paese

il paesaggio

tranquillo

la campagna

la casa di campagna

fare una passeggiata

il paese	village
il paesaggio	landscape
tranquillo(a)	peaceful
la campagna	countryside
la casa di campagna	cottage
fare una passeggiata	to go for a walk

il sentiero

il prato

il ruscello

il coniglio

il sentiero	path
il ruscello	stream
il prato	meadow
il coniglio	rabbit
la talpa	mole
arrampicarsi su un albero	to climb a tree
i fiori di campo	wild flowers
cogliere dei fiori	to pick flowers
il mazzo di fiori	bunch of flowers
la margherita	daisy
il botton d'oro	buttercup

la talpa

arrampicarsi su un albero

i fiori di campo

cogliere dei fiori

il mazzo di fiori

la margherita

il botton d'oro

62

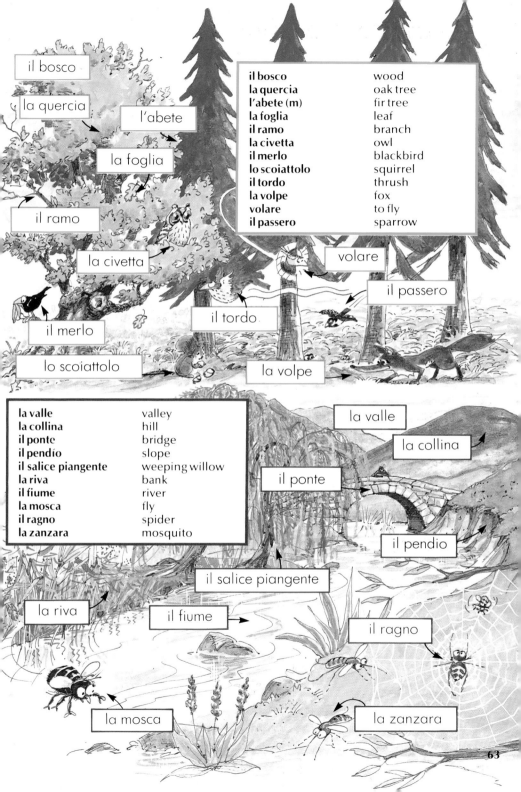

il bosco

la quercia

l'abete

la foglia

il ramo

la civetta

il merlo

lo scoiattolo

il bosco	wood
la quercia	oak tree
l'abete (m)	fir tree
la foglia	leaf
il ramo	branch
la civetta	owl
il merlo	blackbird
lo scoiattolo	squirrel
il tordo	thrush
la volpe	fox
volare	to fly
il passero	sparrow

volare

il passero

il tordo

la volpe

la valle	valley
la collina	hill
il ponte	bridge
il pendio	slope
il salice piangente	weeping willow
la riva	bank
il fiume	river
la mosca	fly
il ragno	spider
la zanzara	mosquito

la valle

la collina

il ponte

il pendio

il salice piangente

la riva

il fiume

il ragno

la mosca

la zanzara

63

On the farm

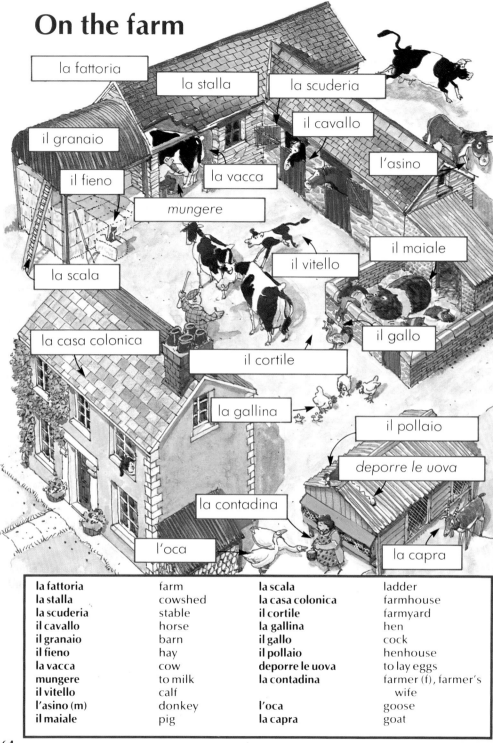

la fattoria

la stalla

la scuderia

il cavallo

il granaio

l'asino

il fieno

la vacca

mungere

il maiale

il vitello

la scala

la casa colonica

il gallo

il cortile

la gallina

il pollaio

deporre le uova

la contadina

l'oca

la capra

la fattoria	farm	**la scala**	ladder
la stalla	cowshed	**la casa colonica**	farmhouse
la scuderia	stable	**il cortile**	farmyard
il cavallo	horse	**la gallina**	hen
il granaio	barn	**il gallo**	cock
il fieno	hay	**il pollaio**	henhouse
la vacca	cow	**deporre le uova**	to lay eggs
mungere	to milk	**la contadina**	farmer (f), farmer's
il vitello	calf		wife
l'asino (m)	donkey	**l'oca**	goose
il maiale	pig	**la capra**	goat

64

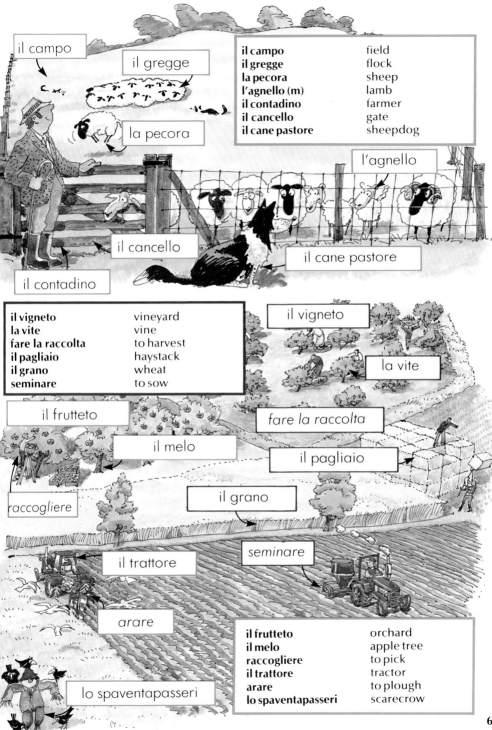

il campo

il gregge

la pecora

il campo	field
il gregge	flock
la pecora	sheep
l'agnello (m)	lamb
il contadino	farmer
il cancello	gate
il cane pastore	sheepdog

l'agnello

il cancello

il cane pastore

il contadino

il vigneto	vineyard
la vite	vine
fare la raccolta	to harvest
il pagliaio	haystack
il grano	wheat
seminare	to sow

il vigneto

la vite

il frutteto

fare la raccolta

il melo

il pagliaio

raccogliere

il grano

seminare

il trattore

arare

il frutteto	orchard
il melo	apple tree
raccogliere	to pick
il trattore	tractor
arare	to plough
lo spaventapasseri	scarecrow

lo spaventapasseri

65

At work

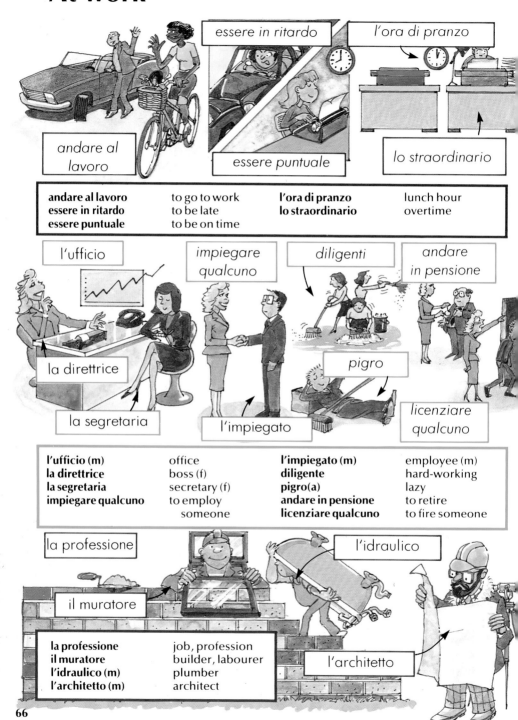

essere in ritardo

l'ora di pranzo

andare al lavoro

essere puntuale

lo straordinario

andare al lavoro	to go to work	**l'ora di pranzo**	lunch hour
essere in ritardo	to be late	**lo straordinario**	overtime
essere puntuale	to be on time		

l'ufficio

impiegare qualcuno

diligenti

andare in pensione

la direttrice

pigro

la segretaria

l'impiegato

licenziare qualcuno

l'ufficio (m)	office	**l'impiegato (m)**	employee (m)
la direttrice	boss (f)	**diligente**	hard-working
la segretaria	secretary (f)	**pigro(a)**	lazy
impiegare qualcuno	to employ someone	**andare in pensione**	to retire
		licenziare qualcuno	to fire someone

la professione

l'idraulico

il muratore

l'architetto

la professione	job, profession
il muratore	builder, labourer
l'idraulico (m)	plumber
l'architetto (m)	architect

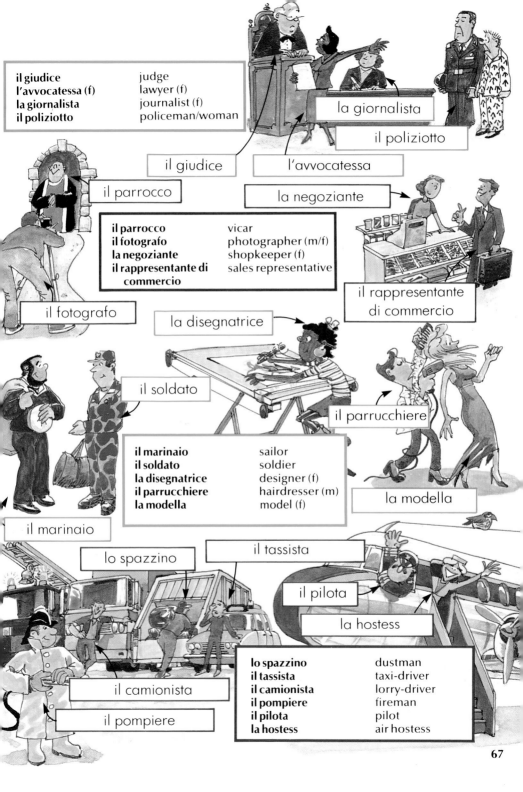

il giudice — judge
l'avvocatessa (f) — lawyer (f)
la giornalista — journalist (f)
il poliziotto — policeman/woman

la giornalista

il poliziotto

il giudice

l'avvocatessa

il parrocco

la negoziante

il parrocco — vicar
il fotografo — photographer (m/f)
la negoziante — shopkeeper (f)
il rappresentante di commercio — sales representative

il rappresentante di commercio

il fotografo

la disegnatrice

il soldato

il parrucchiere

il marinaio — sailor
il soldato — soldier
la disegnatrice — designer (f)
il parrucchiere — hairdresser (m)
la modella — model (f)

la modella

il marinaio

lo spazzino

il tassista

il pilota

la hostess

lo spazzino — dustman
il tassista — taxi-driver
il camionista — lorry-driver
il pompiere — fireman
il pilota — pilot
la hostess — air hostess

il camionista

il pompiere

Illness and health

sentirsi male	to feel ill	**la dottoressa**	doctor (f)
misurare la	to take someone's	**la ricetta**	prescription
temperatura	temperature	**guarire**	to cure
il termometro	thermometer	**la pillola**	pill
avere la febbre	to have a	**sentirsi meglio**	to feel better
	temperature	**sano(a)**	healthy

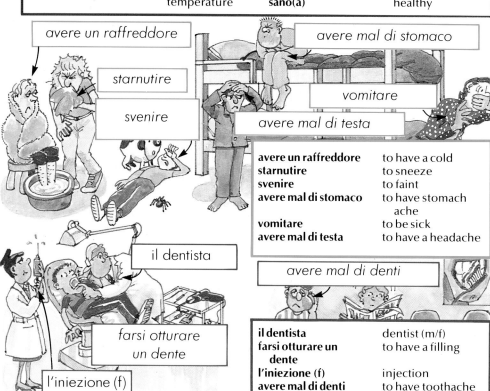

avere un raffreddore	to have a cold
starnutire	to sneeze
svenire	to faint
avere mal di stomaco	to have stomach ache
vomitare	to be sick
avere mal di testa	to have a headache

il dentista	dentist (m/f)
farsi otturare un dente	to have a filling
l'iniezione (f)	injection
avere mal di denti	to have toothache

l'ospedale

il pronto soccorso

il livido

l'ustione

slogarsi la mano

rompersi la gamba

la ferita

il cerotto

la fasciatura

l'ospedale (m)	hospital	**la ferita**	cut, wound
il pronto soccorso	casualty department	**l'ustione (f)**	burn
		slogarsi la mano	to sprain your wrist
rompersi la gamba	to break your leg	**il cerotto**	sticking plaster
il livido	bruise	**la fasciatura**	bandage

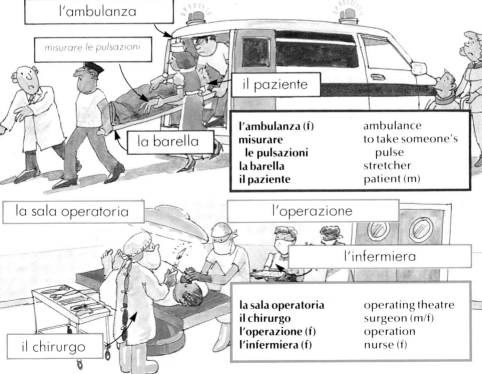

l'ambulanza

misurare le pulsazioni

il paziente

la barella

l'ambulanza (f)	ambulance
misurare le pulsazioni	to take someone's pulse
la barella	stretcher
il paziente	patient (m)

la sala operatoria

l'operazione

l'infermiera

il chirurgo

la sala operatoria	operating theatre
il chirurgo	surgeon (m/f)
l'operazione (f)	operation
l'infermiera (f)	nurse (f)

School and education

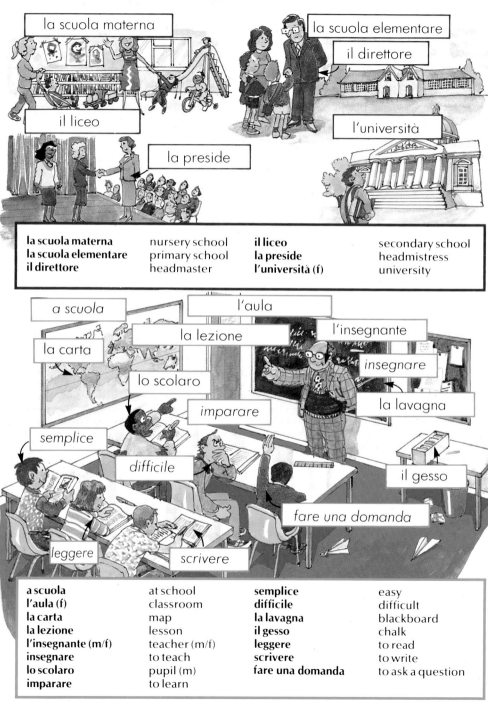

la scuola materna

la scuola elementare

il direttore

il liceo

l'università

la preside

la scuola materna	nursery school	il liceo	secondary school
la scuola elementare	primary school	la preside	headmistress
il direttore	headmaster	l'università (f)	university

a scuola

l'aula

la lezione

l'insegnante

la carta

insegnare

lo scolaro

imparare

la lavagna

semplice

difficile

il gesso

fare una domanda

leggere

scrivere

a scuola	at school	semplice	easy
l'aula (f)	classroom	difficile	difficult
la carta	map	la lavagna	blackboard
la lezione	lesson	il gesso	chalk
l'insegnante (m/f)	teacher (m/f)	leggere	to read
insegnare	to teach	scrivere	to write
lo scolaro	pupil (m)	fare una domanda	to ask a question
imparare	to learn		

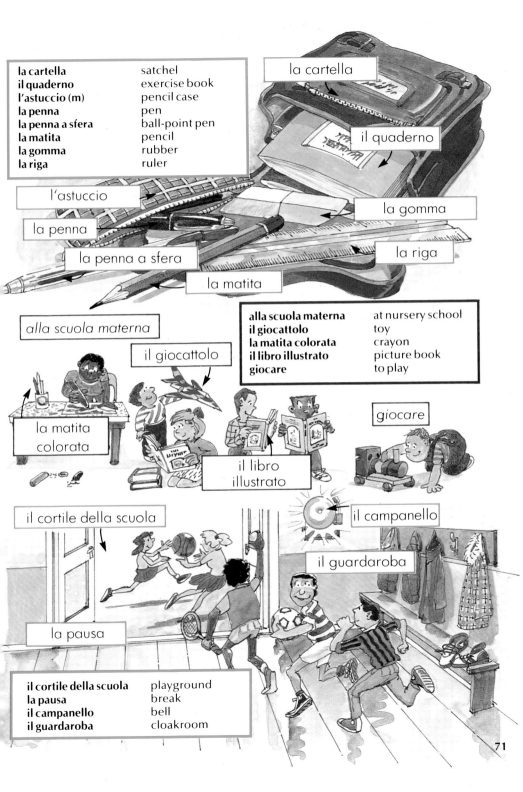

la cartella

la cartella	satchel
il quaderno	exercise book
l'astuccio (m)	pencil case
la penna	pen
la penna a sfera	ball-point pen
la matita	pencil
la gomma	rubber
la riga	ruler

il quaderno

l'astuccio

la gomma

la penna

la penna a sfera

la riga

la matita

alla scuola materna

alla scuola materna	at nursery school
il giocattolo	toy
la matita colorata	crayon
il libro illustrato	picture book
giocare	to play

il giocattolo

la matita colorata

il libro illustrato

giocare

il cortile della scuola

il campanello

il guardaroba

la pausa

il cortile della scuola	playground
la pausa	break
il campanello	bell
il guardaroba	cloakroom

71

School and education

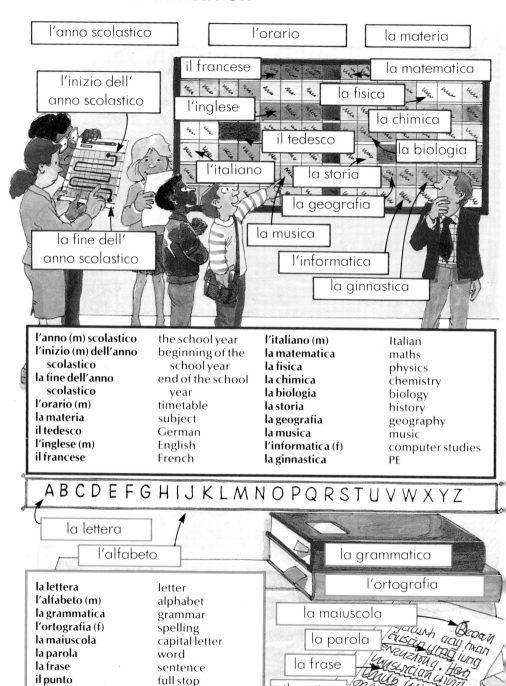

l'anno scolastico

l'orario

la materia

l'inizio dell' anno scolastico

la fine dell' anno scolastico

il francese

l'inglese

il tedesco

l'italiano

la matematica

la fisica

la chimica

la biologia

la storia

la geografia

la musica

l'informatica

la ginnastica

l'anno (m) scolastico	the school year	l'italiano (m)	Italian
l'inizio (m) dell'anno scolastico	beginning of the school year	la matematica	maths
		la fisica	physics
la fine dell'anno scolastico	end of the school year	la chimica	chemistry
		la biologia	biology
l'orario (m)	timetable	la storia	history
la materia	subject	la geografia	geography
il tedesco	German	la musica	music
l'inglese (m)	English	l'informatica (f)	computer studies
il francese	French	la ginnastica	PE

A B C D E F G H I J K L M N O P Q R S T U V W X Y Z

la lettera

l'alfabeto

la grammatica

l'ortografia

la maiuscola

la parola

la frase

il punto

la lettera	letter
l'alfabeto (m)	alphabet
la grammatica	grammar
l'ortografia (f)	spelling
la maiuscola	capital letter
la parola	word
la frase	sentence
il punto	full stop

72

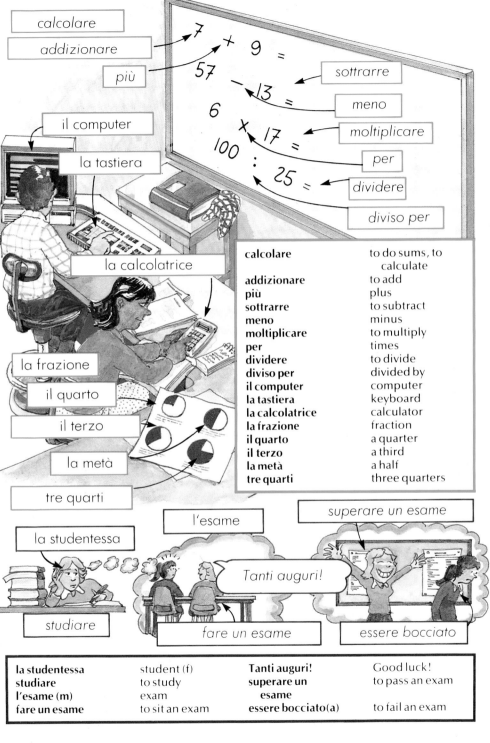

calcolare

addizionare

più

7 + 9 =

57 − 13 =

sottrarre

meno

6 × 17 =

moltiplicare

per

100 : 25 =

dividere

diviso per

il computer

la tastiera

la calcolatrice

la frazione

il quarto

il terzo

la metà

tre quarti

calcolare	to do sums, to calculate
addizionare	to add
più	plus
sottrarre	to subtract
meno	minus
moltiplicare	to multiply
per	times
dividere	to divide
diviso per	divided by
il computer	computer
la tastiera	keyboard
la calcolatrice	calculator
la frazione	fraction
il quarto	a quarter
il terzo	a third
la metà	a half
tre quarti	three quarters

l'esame

superare un esame

la studentessa

Tanti auguri!

studiare

fare un esame

essere bocciato

la studentessa	student (f)	**Tanti auguri!**	Good luck!
studiare	to study	**superare un esame**	to pass an exam
l'esame (m)	exam		
fare un esame	to sit an exam	**essere bocciato(a)**	to fail an exam

Shapes and sizes

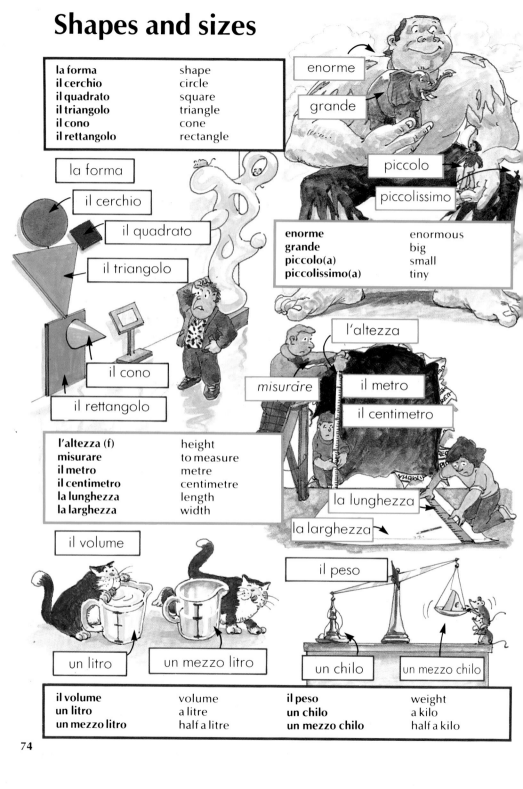

la forma	shape
il cerchio	circle
il quadrato	square
il triangolo	triangle
il cono	cone
il rettangolo	rectangle

enorme

grande

piccolo

piccolissimo

la forma

il cerchio

il quadrato

il triangolo

il cono

il rettangolo

enorme	enormous
grande	big
piccolo(a)	small
piccolissimo(a)	tiny

l'altezza

misurare

il metro

il centimetro

la lunghezza

la larghezza

l'altezza (f)	height
misurare	to measure
il metro	metre
il centimetro	centimetre
la lunghezza	length
la larghezza	width

il volume

il peso

un litro

un mezzo litro

un chilo

un mezzo chilo

il volume	volume	**il peso**	weight
un litro	a litre	**un chilo**	a kilo
un mezzo litro	half a litre	**un mezzo chilo**	half a kilo

Numbers

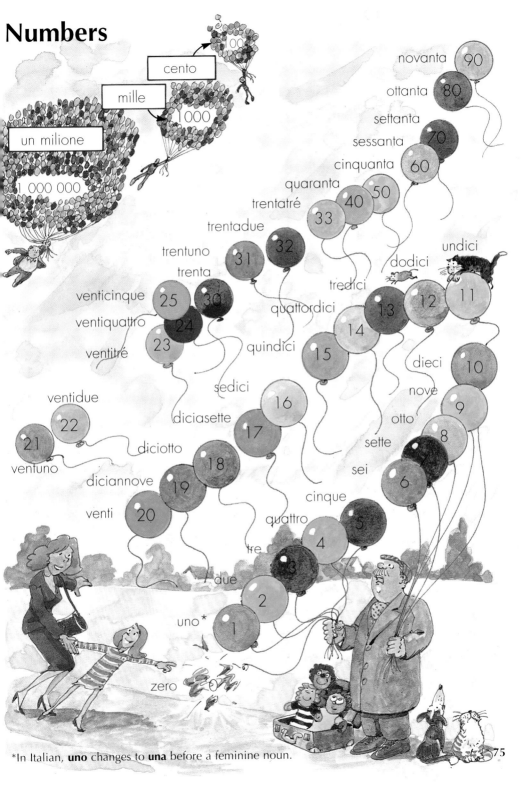

cento — 100

mille — 1000

un milione — 1 000 000

novanta 90
ottanta 80
settanta
sessanta 70
cinquanta 60
quaranta 50
trentatré 40
trentadue 33
trentuno 32
trenta 31
venticinque 30
ventiquattro 25
ventitré 24
23
undici
dodici
tredici
quattordici
quindici
sedici
diciasette
diciotto
diciannove
venti
ventidue 22
ventuno 21
20
19
18
17
16
15
14
13
12
11
dieci 10
nove 9
otto 8
sette 7
sei 6
cinque 5
quattro 4
tre 3
due 2
uno* 1
zero 0

*In Italian, **uno** changes to **una** before a feminine noun.

75

Sport

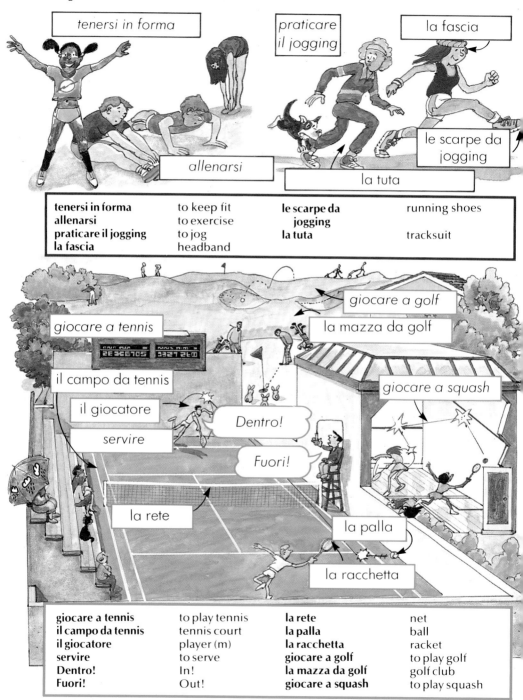

tenersi in forma

praticare il jogging

la fascia

allenarsi

le scarpe da jogging

la tuta

tenersi in forma	to keep fit	**le scarpe da jogging**	running shoes
allenarsi	to exercise		
praticare il jogging	to jog	**la tuta**	tracksuit
la fascia	headband		

giocare a golf

la mazza da golf

giocare a tennis

il campo da tennis

il giocatore

servire

giocare a squash

Dentro!

Fuori!

la rete

la palla

la racchetta

giocare a tennis	to play tennis	**la rete**	net
il campo da tennis	tennis court	**la palla**	ball
il giocatore	player (m)	**la racchetta**	racket
servire	to serve	**giocare a golf**	to play golf
Dentro!	In!	**la mazza da golf**	golf club
Fuori!	Out!	**giocare a squash**	to play squash

76

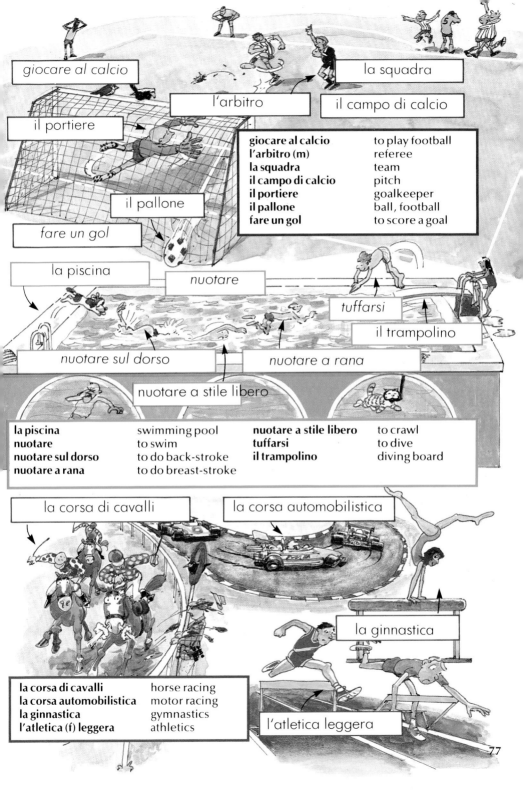

giocare al calcio

la squadra

l'arbitro

il campo di calcio

il portiere

giocare al calcio	to play football
l'arbitro (m)	referee
la squadra	team
il campo di calcio	pitch
il portiere	goalkeeper
il pallone	ball, football
fare un gol	to score a goal

il pallone

fare un gol

la piscina

nuotare

tuffarsi

il trampolino

nuotare sul dorso

nuotare a rana

nuotare a stile libero

la piscina	swimming pool	**nuotare a stile libero**	to crawl
nuotare	to swim	**tuffarsi**	to dive
nuotare sul dorso	to do back-stroke	**il trampolino**	diving board
nuotare a rana	to do breast-stroke		

la corsa di cavalli

la corsa automobilistica

la ginnastica

la corsa di cavalli	horse racing
la corsa automobilistica	motor racing
la ginnastica	gymnastics
l'atletica (f) leggera	athletics

l'atletica leggera

77

Celebrations

il compleanno	birthday
la festa	party
il palloncino	balloon
Tanti auguri di buon compleanno!	Happy Birthday!
invitare	to invite
divertirsi	to have fun, to enjoy yourself
la torta	cake
la candela	candle
la cartolina d'auguri	birthday card
il regalo	present
la confezione	wrapping

il compleanno

la festa

il palloncino

Tanti auguri di buon compleanno!

invitare

divertirsi

la torta

la candela

il regalo

la cartolina d'auguri

la confezione

la vigilia di Natale

Pasqua

Natale

il giorno di Natale

l'albero di Natale

Pasqua	Easter
Natale	Christmas
la vigilia di Natale	Christmas Eve
il giorno di Natale	Christmas Day
l'albero (m) di Natale	Christmas tree

fidanzarsi

le nozze

sposarsi

lo sposo

la sposa

l'invitato

fare gli auguri

il mazzo di fiori

fidanzarsi	to get engaged
le nozze	wedding
sposarsi	to get married
lo sposo	bridegroom
la sposa	bride
l'invitato (m)	guest
fare gli auguri	to congratulate
il mazzo di fiori	bouquet
essere felice	to be happy
la luna di miele	honeymoon

essere felice

la luna di miele

Buon Natale!

il canto natalizio

Buon Natale!	Happy Christmas!
il canto natalizio	Christmas carol
regalare	to give (a present)
ricevere	to receive
Mille grazie!	Thank you very much!
ringraziare	to thank

regalare

ricevere

Mille grazie!

ringraziare

San Silvestro

Capodanno

festeggiare

Buon Anno!

San Silvestro	New Year's Eve
Capodanno	New Year's Day
festeggiare	to celebrate
Buon Anno!	Happy New Year!

Days and dates

il calendario

il mese

gennaio
febbraio
marzo
aprile
maggio
giugno
luglio
agosto
settembre
ottobre
novembre
dicembre

l'anno

il lunedì
il martedì
il mercoledì
il giovedì
il venerdì
il sabato
la domenica

il giorno

la settimana

il fine settimana

il calendario	calendar
il mese	month
gennaio	January
febbraio	February
marzo	March
aprile	April
maggio	May
giugno	June
luglio	July
agosto	August
settembre	September
ottobre	October
novembre	November
dicembre	December
l'anno (m)	year
il giorno	day
la settimana	week
il fine settimana	week-end
il lunedì	Monday
il martedì	Tuesday
il mercoledì	Wednesday
il giovedì	Thursday
il venerdì	Friday
il sabato	Saturday
la domenica	Sunday

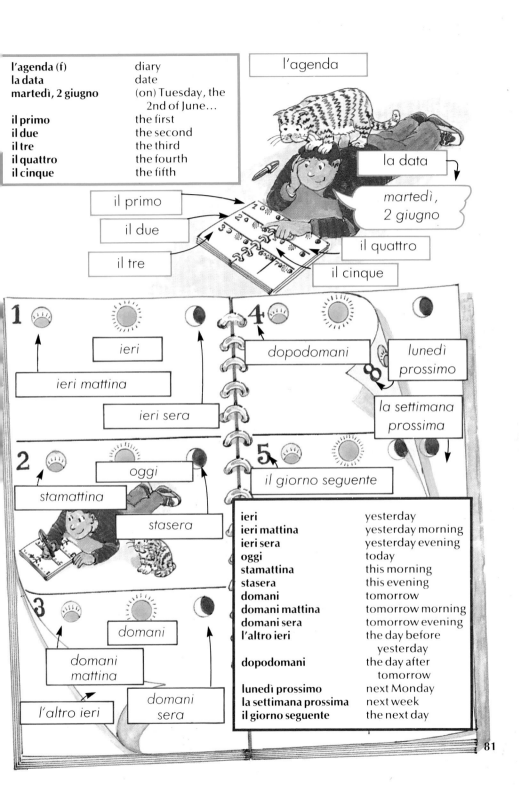

l'agenda (f)	diary
la data	date
martedì, 2 giugno	(on) Tuesday, the 2nd of June…
il primo	the first
il due	the second
il tre	the third
il quattro	the fourth
il cinque	the fifth

l'agenda

la data

martedì, 2 giugno

il primo

il due

il tre

il quattro

il cinque

1

ieri

ieri mattina

ieri sera

dopodomani

lunedì prossimo

la settimana prossima

2

oggi

stamattina

stasera

5

il giorno seguente

3

domani

domani mattina

l'altro ieri

domani sera

ieri	yesterday
ieri mattina	yesterday morning
ieri sera	yesterday evening
oggi	today
stamattina	this morning
stasera	this evening
domani	tomorrow
domani mattina	tomorrow morning
domani sera	tomorrow evening
l'altro ieri	the day before yesterday
dopodomani	the day after tomorrow
lunedì prossimo	next Monday
la settimana prossima	next week
il giorno seguente	the next day

Time

l'alba (f)	dawn	**il sole**	sun
il sorgere del sole	sunrise	**il cielo**	sky
Si fa giorno.	It is getting light.	**Si è fatto giorno.**	It is light.
il mattino	morning, in the morning	**il giorno**	day, in the daytime

il pomeriggio	afternoon, in the afternoon	**Si fa buio.**	It is getting dark.
la sera	evening, in the evening	**la notte**	night, at night
		le stelle	stars
il tramonto	sunset	**la luna**	moon
		È buio.	It is dark.

il minuto

l'ora

Che ora è?

il secondo

È l'una.

Sono le tre.

mezzogiorno

mezzanotte

9 : 45	10 : 05
le dieci meno un quarto	le dieci e cinque

10 : 15	10 : 30
le dieci e un quarto	le dieci e mezza

le otto di mattina

le otto di sera

Che ora è?	What time is it?	**le dieci meno un**	a quarter to 10
l'ora (f)	hour	**quarto**	
il minuto	minute	**le dieci e cinque**	five past 10
il secondo	second	**le dieci e un quarto**	a quarter past 10
È l'una.	It is 1 o'clock.	**le dieci e mezza**	half past 10
Sono le tre.	It is 3 o'clock.	**le otto di mattina**	8 a.m.
mezzogiorno	midday	**le otto di sera**	8 p.m.
mezzanotte	midnight		

il tempo

il futuro

il passato

il presente

nel futuro

il passato

nel passato

ora

il tempo	time	**nel passato**	in the past
il passato	past	**nel futuro**	in the future
il futuro	future	**ora**	now, nowadays
il presente	present		

Weather and seasons

la stagione	season
la primavera	spring
l'estate (f)	summer
l'autunno (m)	autumn
l'inverno (m)	winter

la stagione

la primavera

il tempo

Piove.

l'inverno

la pioggia

il temporale

la nuvola

l'autunno

l'estate

il lampo

il tuono

l'arcobaleno

l'ombrello

bagnato come un pulcino

gli stivali di gomma

la pozzanghera

la goccia di pioggia

la grandine

l'inondazione

il tempo	weather
Piove.	It's raining.
la pioggia	rain
il temporale	thunder storm
la nuvola	cloud
il lampo	lightning
il tuono	thunder
l'ombrello (m)	umbrella
l'arcobaleno (m)	rainbow
gli stivali di gomma	wellington boots
bagnato come un pulcino	soaked to the skin
la pozzanghera	puddle
la goccia di pioggia	raindrop
la grandine	hail
l'inondazione (f)	flood

il clima	climate
la previsione del tempo	weather forecast
Che tempo fa?	What is the weather like?

il clima

la previsione del tempo

Fa bel tempo.

C'è il sole.

Che tempo fa?

sudare

Ho caldo.

Fa bel tempo.	It's fine.
C'è il sole.	The sun is shining.
sudare	to sweat
Ho caldo.	I'm hot.

il vento

C'è vento.

il vento	wind
C'è vento.	It's windy.
la nebbia	fog
C'è nebbia.	It's foggy.

la nebbia

C'è nebbia.

Fa freddo.

la neve

essere gelata

il gelo

il pupazzo di neve

il ghiacciolo

Nevica.

sgelare

Fa freddo.	It's cold.
essere gelato(a)	to be frozen
il gelo	frost
il ghiacciolo	icicle
la neve	snow
il pupazzo di neve	snowman
Nevica.	It's snowing.
sgelare	to thaw

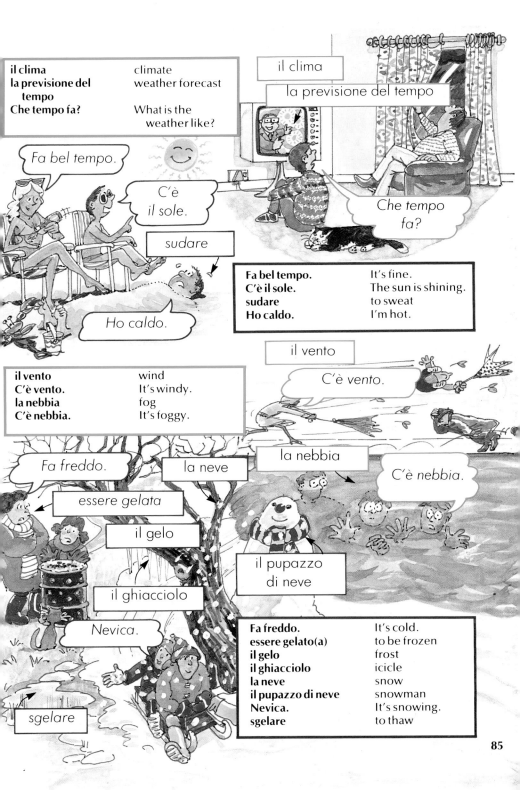

World and universe

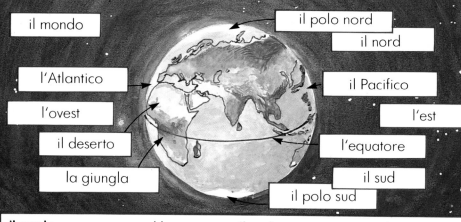

il mondo

il polo nord

il nord

l'Atlantico

il Pacifico

l'ovest

l'est

il deserto

l'equatore

la giungla

il sud

il polo sud

il mondo	world	**il nord**	north
l'Atlantico (m)	Atlantic Ocean	**il Pacifico**	Pacific Ocean
l'ovest (m)	west	**l'est (m)**	east
il deserto	desert	**l'equatore (m)**	equator
la giungla	jungle	**il sud**	south
il polo nord	North Pole	**il polo sud**	South Pole

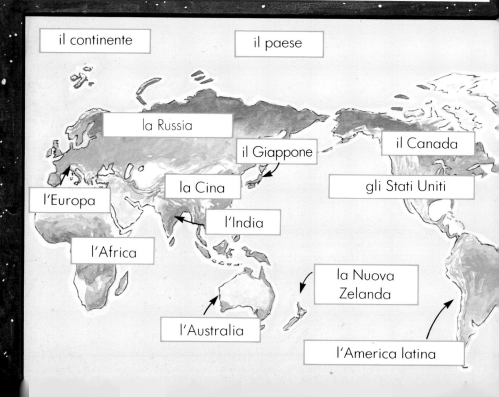

il continente

il paese

la Russia

il Giappone

il Canada

l'Europa

la Cina

gli Stati Uniti

l'India

l'Africa

la Nuova Zelanda

l'Australia

l'America latina

l'universo

lo spazio

la stella

il pianeta

la nave spaziale

la via lattea

il telescopio

l'universo (m)	universe
lo spazio	space
il pianeta	planet
la stella	star
la nave spaziale	spaceship
la via lattea	milky way
il telescopio	telescope

il continente	continent
il paese	country
la Russia	Russia
l'Europa (f)	Europe
l'Africa (f)	Africa
il Giappone	Japan
l'India (f)	India
la Cina	China
l'Australia (f)	Australia
la Nuova Zelanda	New Zealand
il Canada	Canada
gli Stati Uniti	United States
l'America latina (f)	South America

la Scandinavia	Scandinavia
la Gran Bretagna	Great Britain
i Paesi Bassi	Netherlands
il Belgio	Belgium
la Germania	Germany
la Francia	France
la Svizzera	Switzerland
l'Italia (f)	Italy
la Spagna	Spain

la Scandinavia

la Gran Bretagna

i Paesi Bassi

il Belgio

la Germania

la Francia

la Svizzera

l'Italia

la Spagna

Politics

il presidente

il parlamento

il deputato

il primo ministro

il governo

il presidente	president (m)
il parlamento	parliament
il deputato	member of
	parliament
il primo ministro	prime minister (m)
il governo	government

il partito

il capo del partito

popolare

il membro

il partito	party
il capo del partito	leader (f)
popolare	popular
il membro	member

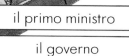

l'elezione

votare

la sinistra

il centro

la destra

vincere

perdere

diventare membro

essere membro

l'elezione (f)	election	**il centro**	centre
votare	to vote	**la destra**	right, right wing
vincere	to win	**diventare membro**	to join
perdere	to lose	**essere membro**	to belong to
la sinistra	left, left wing		

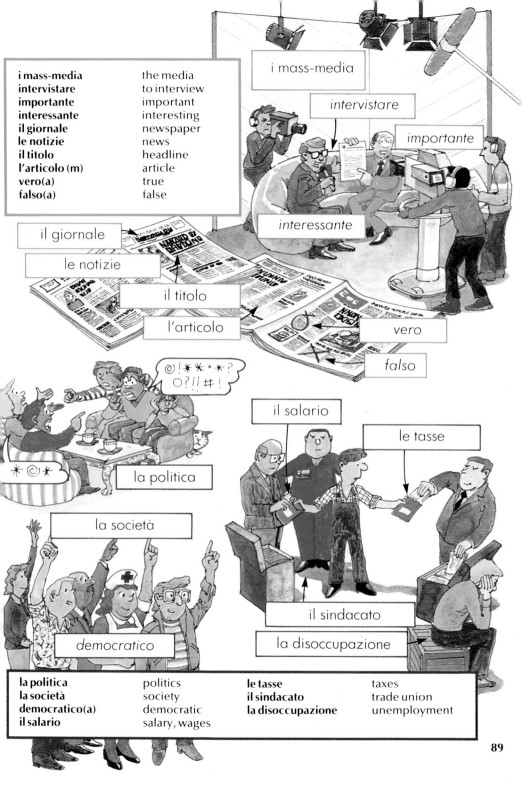

i mass-media	the media		
intervistare	to interview		
importante	important		
interessante	interesting		
il giornale	newspaper		
le notizie	news		
il titolo	headline		
l'articolo (m)	article		
vero(a)	true		
falso(a)	false		

i mass-media

intervistare

importante

interessante

il giornale

le notizie

il titolo

l'articolo

vero

falso

la politica

la società

democratico

il salario

le tasse

il sindacato

la disoccupazione

la politica	politics	**le tasse**	taxes
la società	society	**il sindacato**	trade union
democratico(a)	democratic	**la disoccupazione**	unemployment
il salario	salary, wages		

89

Describing things

rumoroso

quieto

ubbidiente

cattivo

uguali

rumoroso(a)	noisy
quieto(a)	quiet, calm
ubbidiente	obedient
cattivo(a)	naughty, cheeky
uguale	same
differente	different

differenti

insieme

solo

occupato

utile

spaventato

occupato(a)	busy
utile	useful
insieme	together
solo(a)	alone
spaventato(a)	frightened
coraggioso(a)	brave, courageous

coraggioso

trascurato

preciso

arrabbiata

vivace

contenta di

noioso

trascurato(a)	careless
preciso(a)	precise
arrabbiato(a)	cross
contento(a) di	pleased with
vivace	lively
noioso(a)	boring

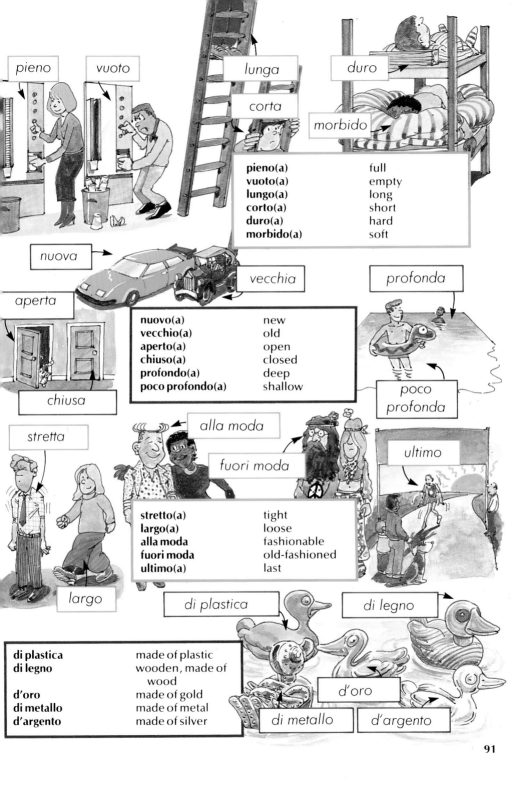

pieno

vuoto

lunga

duro

corta

morbido

pieno(a)	full
vuoto(a)	empty
lungo(a)	long
corto(a)	short
duro(a)	hard
morbido(a)	soft

nuova

vecchia

profonda

aperta

nuovo(a)	new
vecchio(a)	old
aperto(a)	open
chiuso(a)	closed
profondo(a)	deep
poco profondo(a)	shallow

poco profonda

chiusa

stretta

alla moda

fuori moda

ultimo

stretto(a)	tight
largo(a)	loose
alla moda	fashionable
fuori moda	old-fashioned
ultimo(a)	last

largo

di plastica

di legno

di plastica	made of plastic
di legno	wooden, made of wood
d'oro	made of gold
di metallo	made of metal
d'argento	made of silver

d'oro

di metallo

d'argento

Colours

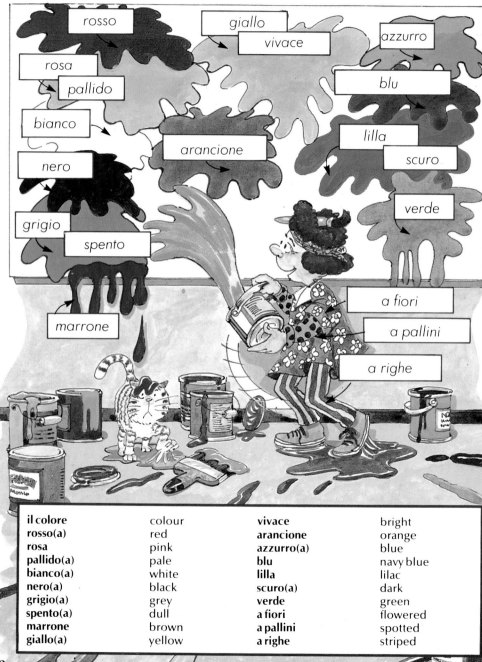

il colore

rosso

giallo

vivace

azzurro

rosa

pallido

blu

bianco

lilla

nero

arancione

scuro

grigio

verde

spento

marrone

a fiori

a pallini

a righe

il colore	colour	vivace	bright
rosso(a)	red	**arancione**	orange
rosa	pink	**azzurro(a)**	blue
pallido(a)	pale	**blu**	navy blue
bianco(a)	white	**lilla**	lilac
nero(a)	black	**scuro(a)**	dark
grigio(a)	grey	**verde**	green
spento(a)	dull	**a fiori**	flowered
marrone	brown	**a pallini**	spotted
giallo(a)	yellow	**a righe**	striped

In, on, under...

in
sotto
in
su
sopra
da
accanto a
vicino a
davanti a
dietro a
fra/tra
lontano da
attraverso
verso
contro
fra/tra
via da
giù
con
su
di fronte a
senza

in	in	contro	against
su	on	attraverso	through
sotto	under	fra/tra	among
sopra	over	verso	to, towards
in	into	via da	away from (e.g. to
da	out of		run away from)
accanto a	beside		
fra/tra	between	su	up
vicino a	near to	giù	down
lontano da	far away from	di fronte a	opposite
davanti a	in front of	con	with
dietro a	behind	senza	without

93

Action words

bisbigliare

gridare

cercare

aspettare

appoggiarsi

tenere

bisbigliare	to whisper
gridare	to shout
cercare	to look for
aspettare	to wait for
appoggiarsi	to lean on
tenere	to hold

portare

raccogliere

far cadere

posare

portare	to carry	**raccogliere**	to pick up
far cadere	to drop	**posare**	to put down

toccare

chiudere

aprire

versare

riempire

agitare

vuotare

toccare	to touch
aprire	to open
chiudere	to close
versare	to pour
riempire	to fill
agitare	to shake
vuotare	to empty

stracciare

gettare

prendere

stracciare	to tear
rattoppare	to mend
gettare	to throw
prendere	to catch
rovesciare	to knock over
rompere	to break

rattoppare

rovesciare

rompere

rubare

scivolare

tirare

spingere

scappare

seguire

nascondersi

tirare	to pull	scappare	to run away
spingere	to push	seguire	to follow
rubare	to steal	nascondersi	to hide
scivolare	to slip		

Grammar hints

In order to speak Italian well, you need to learn a bit about the grammar, that is, how you put words together and make sentences. On the next few pages there are some hints on Italian grammar. Don't worry if you cannot remember them all at first. Try to learn a little grammar at a time and then practise using it.

Nouns

In Italian all nouns are either masculine or feminine. The word you use for "the" is **il** before most masculine nouns, **lo** before masculine nouns beginning with "z" or "s" plus another consonant, **la** before feminine nouns and **l'** before all nouns beginning with a vowel:

il cappello	the hat
la gonna	the skirt
l'impermeabile (m)	the raincoat
lo studente	the student

Most nouns ending in "o" are masculine and most of those ending in "a" are feminine. Nouns ending in "e" may be masculine or feminine:

la chiave	the key
il fiore	the flower

Some nouns have a masculine and a feminine form. These are often nouns which describe what people are or what they do:

l'amico (m)	the friend (m)
l'amica (f)	the friend (f)
lo studente	the student (m)
la studentessa	the student (f)
il turista	the tourist (m)
la turista	the tourist (f)

When they appear in the illustrated section, only the form which matches the picture is given, but both the masculine and feminine forms are given in the word list at the back.

Plurals

When you are talking about more than one thing, the word for "the" is **i** before most masculine nouns, **gli** before masculine nouns beginning with "z" or "s" plus another consonant and before masculine nouns beginning with a vowel, and **le** before all feminine nouns:

i cappelli	the hats
le gonne	the skirts
gli impermeabili	the raincoats
gli studenti	the students

To make nouns plural, you usually change the last vowel to "i" if the noun is masculine and to "e" if it is feminine. All nouns ending in "e" change to "i":

la strada	the street
le strade	the streets
il libro	the book
i libri	the books
la chiave	the key
le chiavi	the keys
il fiore	the flower
i fiori	the flowers

a, an and some

The word for "a" is **un** before most masculine nouns, **uno** before masculine nouns beginning with "z" or "s" plus another consonant, **una** before most feminine nouns and **un'** before feminine nouns beginning with a vowel:

un bicchiere	a glass
uno scolaro	a pupil
una casa	a house
un'altalena	a swing

The word for "some" is **dei** before most masculine nouns, **degli** before masculine plural nouns beginning with "z" or "s" plus another consonant, and **delle** before all feminine nouns:

dei ragazzi	some boys
degli zaini	some rucksacks
delle case	some houses

this, that

"This" is **questo** before a masculine noun and **questa** before a feminine noun:

questo libro	this book
questa strada	this street

"These" is **questi** before a masculine noun and **queste** before a feminine noun:

questi libri	these books
queste strade	these streets

"That" is **quel** before most masculine nouns, **quello** before masculine nouns beginning with "z" or "s" plus another consonant, **quella** before most feminine nouns and **quell'** before all nouns beginning with a vowel:

quel libro	that book
quello studente	that student
quella casa	that house
quell'albero	that tree
quell'arancia	that orange

*See Pronouns on page 99.

The plural "those" is **quei** before most masculine nouns, **quegli** before masculine nouns beginning with "z" or "s" plus another consonant and before masculine nouns beginning with a vowel, and **quelle** before all feminine nouns:

quei ragazzi	those boys
quegli stivali	those boots
quegli alberi	those trees
quelle case	those houses

my, your

"My", "your", "his", "her" and so on are called possessive adjectives. In Italian they change according to whether the noun which follows is masculine or feminine, singular or plural. You usually use "the" or "a" before a possessive adjective:

(m)	(f)
my	
il mio libro	**la mia casa**
my book	my house
your	
il tuo libro	**la tua casa**
his/her/its/your (formal)*	
il suo libro	**la sua casa**
our	
il nostro libro	**la nostra casa**
your (pl)	
il vostro libro	**la vostra casa**
their	
il loro libro	**la loro casa**

(m.pl)	(f.pl)

my
i miei guanti   **le mie scarpe**
my gloves   my shoes

your
i tuoi guanti   **le tue scarpe**

his/her/its/your (formal)*
i suoi guanti   **le sue scarpe**

our
i nostri guanti   **le nostre scarpe**

your (pl)
i vostri guanti   **le vostre scarpe**

their
i loro guanti   **le loro scarpe**

When you are talking about members of a family, you don't use "the" or "a" in the singular, but you do in the plural:

mia sorella	my sister
tuo zio	your uncle
le mie sorelle	my sisters
i tuoi zii	your uncles

Adjectives

Adjectives are describing words. In Italian, adjectives usually follow the noun they are describing. They also change their endings depending on whether they are describing a masculine or a feminine noun and whether it is singular or plural. Most adjectives end in "o" in the masculine and this "o" changes to "a" in the feminine:

un vicino simpatico   a pleasant neighbour
una ragazza simpatica   a nice girl

Adjectives ending in "e" don't change in the feminine:

un bicchiere grande   a large glass
una casa grande   a large house

To make adjectives plural, you usually change the last letter to "i" in the masculine and to "e" in the feminine. Adjectives ending in "e" change to "i":

i vicini simpatici   pleasant neighbours
le ragazze simpatiche   pleasant girls

i bicchieri grandi   large glasses
le case grandi   large houses

Comparing adjectives

To compare things, you put **più...di** (more...than), **tanto...quanto** (as...as) and **il, la, i, le più** with an adjective. The adjective agrees in the usual way:

Maria è più alta di me.   Mary is taller than I am.
Maria è tanto alta quanto suo fratello. Mary is as tall as her brother.
Maria è la più alta.   Mary is the tallest.

Just as in English, common adjectives do not add **più** or **il più**, but change completely:

buono	good
migliore	better
il migliore	best
cattivo	bad
peggiore	worse
il peggiore	worst

*See Pronouns on page 99

Pronouns

"I", "you", "he", "she" and so on are called personal pronouns. You use them in place of a noun:

io	I
tu	you (informal, s)
egli	he
ella	she/you (formal, s)
noi	we
voi	you (pl)
essi	they

In Italian there are three words for "you": **tu, lei** and **voi**. You say **tu** to a friend and **lei** to an adult whom you don't know very well. You say **voi** when you are talking to more than one person. Lui (he), Lei (she) and Loro (They) are colloquial forms.

In Italian you often use the verb without the pronoun:

Vado al cinema.   I am going to the cinema.
Fa bel tempo.   It is nice weather.
Studiamo l'italiano.   We are studying Italian.

Verbs

Italian verbs (action words) change their endings according to who is doing the action. Most of them follow regular patterns of endings. There are three main patterns according to whether the verb's infinitive (e.g. in English: "to dance", "to do") ends in "are", "ere" or "ire". These are the endings for the present tense ("I dance" or "I am dancing"):

ballare	to dance

ballo
balli
balla
balliamo
ballate
ballano

vendere	to sell

vendo
vendi
vende
vendiamo
vendete
vendono

There are two patterns of endings for "ire" verbs:

aprire	to open

apro
apri
apre
apriamo
aprite
aprono

capire	to understand

capisco
capisci
capisce
capiamo
capite
capiscono

Some of the most common verbs, such as **avere** (to have) and **essere** (to be), do not follow any of these patterns and you need to learn them separately. They are known as irregular verbs. The present tenses of **avere** and **essere** are shown below. You can find the present tense of other irregular verbs on page 103.

avere	to have	essere	to be
ho		sono	
hai		sei	
ha		è	
abbiamo		siamo	
avete		siete	
hanno		sono	

The future tense is used for things you are going to do (in English, "I will dance" or "I am going to dance"). In Italian the future tense is made by removing the infinitive endings ("**are**", "**ere**" or "**ire**") and adding new ones:

ballare   to dance

ballerò
ballerai
ballerà
balleremo
ballerete
balleranno

vendere   to sell

venderò
venderai
venderà
venderemo
venderete
venderanno

capire   to understand

capirò
capirai
capirà
capiremo
capirete
capiranno

Here is the future tense of **avere** and **essere**:

avere	to have	essere	to be
avrò		sarò	
avrai		sarai	
avrà		sarà	
avremo		saremo	
avrete		sarete	
avranno		saranno	

For events which have already happened ("I have danced" or "I danced"), you use the perfect tense. You make the perfect by putting the present of **avere** with the past participle of the verb. The past participle is based on the infinitive and varies according to whether the verb is an "**are**", "**ere**" or "**ire**" type:

infinitive	past participle
ballare	**ballato**
vendere	**venduto**
capire	**capito**

Here are the perfect tenses of **ballare**, **vendere** and **capire**:

ho ballato
hai ballato
ha ballato
abbiamo ballato
avete ballato
hanno ballato

ho venduto
hai venduto
ha venduto
abbiamo venduto
avete venduto
hanno venduto

ho capito
hai capito
ha capito
abbiamo capito
avete capito
hanno capito

The following common Italian verbs use **essere** instead of **avere** to make the perfect tense:

andare	to go
arrivare	to arrive
cadere	to fall
diventare	to become
entrare	to go in
morire	to die
nascere	to be born
partire	to leave
restare	to stay
rientrare	to come back
ritornare	to go back
scendere	to go down
venire	to come
uscire	to go out

When you make the perfect tense with **essere**, the past participle changes according to whether the subject of the verb is masculine or feminine, singular or plural, like an adjective:

sono andato(a)
sei andato(a)
è andato(a)
siamo andati(e)
siete andati(e)
sono andati(e)

Reflexive verbs

Verbs which have **si** at the end of the infinitive are called reflexive verbs. These verbs usually involve doing something to yourself:

lavarsi	to wash oneself
divertirsi	to enjoy oneself
pettinarsi	to comb one's hair

Si means "self" and changes according to who is doing the action. Except in the infinitive, it comes before the verb:

mi lavo
ti lavi
si lava
ci laviamo
vi lavate
si lavano

You always use **essere** to make the perfect tense of reflexive verbs:

mi sono lavato(a)
ti sei lavato(a)
si è lavato(a)
ci siamo lavati(e)
vi siete lavati(e)
si sono lavati(e)

Negatives

To make a negative in Italian you put **non** before the verb:

Non vado al cinema.   I am not going to the cinema.
Non uscirò.   I will not go out.

With reflexive verbs **non** goes before the reflexive pronoun (**mi, ti, si**, etc):

Non mi diverto. I am not enjoying myself.
Non mi sono lavato. I have not washed myself.

Object pronouns

An object pronoun is one which you put in place of a noun that is the object of a verb:

Cerca le sue chiavi. He is looking for his keys.
Le cerca. He is looking for them.

These are the object pronouns:

mi	me	**ci**	us
ti	you	**vi**	you
lo	him/it	**li**	them (m)
la	her/it	**le**	them (f)

In Italian you put the object pronoun just before the verb:

Lo guardo. I am looking at him.
Non mi guarda. He is not looking at me.

In the perfect tense, you put the object pronoun before **avere** or **essere** and the past participle changes like an adjective according to whether the pronoun is masculine, feminine, singular or plural:

L'ho guardato. I looked at him.
L'ho guardata. I looked at her.
I miei guanti! Li ho perduti. My gloves! I have lost them.
Le chiavi! Le ho trovate. The keys! I have found them.

Questions

In Italian you can make a question simply by raising your voice at the end of a sentence:

Sei andato al cinema? Have you been to the cinema?
Vuoi un'altra birra? Would you like another beer?

Below are some common question words. When you use these, you put the subject after the verb. If the subject is "I", "you", "he", etc, it is usually left out:

Come...? How...?
Come sei venuto? How did you get here?
Quando...? When...?
Quando è la festa? When is the party?
Quanto...? How much...?
Quanto costa il biglietto? How much does the ticket cost?
Dove...? Where...?
Dove sei stato? Where have you been?
Che cosa...? What...?
Che cosa fa Paolo? What is Paolo doing?
Chi...? Who...?
Chi è arrivato prima? Who got here first?
Perché...? Why...?
Perché sei andato là? Why did you go there?
Quale...? Which...?
Quale libro vuoi? Which book do you want?
Quali...? Which...? (pl)
Quali lingue parli? Which languages do you speak?

Irregular verbs

Here are the present tenses of some common irregular verbs, together with the **io** form of the future and perfect tenses. Try to learn these verbs, one or two at a time, as you will probably need to use them quite frequently when you are speaking Italian:

andare   to go
vado
vai
va
andiamo
andate
vanno

future: **andrò**
perfect: **sono andato(a)**

avere   to have

ho
hai
ha
abbiamo
avete
hanno

future: **avrò**
perfect: **ho avuto**

bere   to drink

bevo
bevi
beve
beviamo
bevete
bevono

future: **berrò**
perfect: **ho bevuto**

cuocere   to cook

cuocio
cuoci
cuoce
cuociamo
cuocete
cuociono

future: **cuocerò**
perfect: **ho cotto**

dare   to give

do
dai
dà
diamo
date
danno

future: **darò**
perfect: **ho dato**

dire   to say

dico
dici
dice
diciamo
dite
dicono

future: **dirò**
perfect: **ho detto**

dovere   to have to, must

devo
devi
deve
dobbiamo
dovete
devono

future: **dovrò**
perfect: **ho dovuto**

essere	to be	**potere**	to be able to, can

essere — to be

sono
sei
è
siamo
siete
sono

future: **sarò**
perfect: **sono stato(a)**

fare — to do

faccio
fai
fa
facciamo
fate
fanno

future: **farò**
perfect: **ho fatto**

morire — to die

muoio
muori
muore
moriamo
morite
muoiono

future: **morirò**
perfect: **sono morto(a)**

porre — to put

pongo
poni
pone
poniamo
ponete
pongono

future: **porrò**
perfect: **ho posto**

potere — to be able to, can

posso
puoi
può
possiamo
potete
possono

future: **potrò**
perfect: **ho potuto**

raccogliere — to collect

raccolgo
raccogli
raccoglie
raccogliamo
raccogliete
raccolgono

future: **raccoglierò**
perfect: **ho raccolto**

rimanere — to stay

rimango
rimani
rimane
rimaniamo
rimanete
rimangono

future: **rimarrò**
perfect: **sono rimasto(a)**

salire — to go up

salgo
sali
sale
saliamo
salite
salgono

future: **salirò**
perfect: **sono salito(a)**

sapere	to know	**uscire**	to go out

so	**esco**
sai	**esci**
sa	**esce**
sappiamo	**usciamo**
sapete	**uscite**
sanno	**escono**

future: **saprò**   future: **uscirò**
perfect: **ho saputo**   perfect: **sono uscito(a)**

sedersi	to sit down	**vedere**	to see

mi siedo	**vedo**
ti siedi	**vedi**
si siede	**vede**
ci sediamo	**vediamo**
vi sedete	**vedete**
si siedono	**vedono**

future: **mi siederò**   future: **vedrò**
perfect: **mi sono seduto(a)**   perfect: **ho visto**

tenere	to hold	**venire**	to come

tengo	**vengo**
tieni	**vieni**
tiene	**viene**
teniamo	**veniamo**
tenete	**venite**
tengono	**vengono**

future: **terrò**   future: **verrò**
perfect: **ho tenuto**   perfect: **sono venuto(a)**

togliere	to take off	**volere**	to want

tolgo	**voglio**
togli	**vuoi**
toglie	**vuole**
togliamo	**vogliamo**
togliete	**volete**
tolgono	**vogliono**

future: **toglierò**   future: **vorrò**
perfect: **ho tolto**   perfect: **ho voluto**

Phrase explainer

Throughout the illustrated section of this book, there are useful short phrases and everyday expressions. You may find these easier to remember if you understand the different words that make them up.

This section lists the expressions under the page number where they appeared (although those whose word for word meaning is like the English have been left out). After reminding you of the suggested English equivalent, it shows you how they break down and, wherever possible, gives you the literal translations of the words involved.* Any grammatical terms used (e.g. reflexive verb) are explained in the Grammar hints.

page 4
● **A presto!** See you later:
a=until (and many other meanings); **presto**=soon.
● **Dare un bacino a** to kiss:
dare=to give; **un bacino**=a kiss (diminutive of **il bacio**=kiss); **a**=to. Another way of saying "to kiss" is **baciare**.

page 5
● **D'accordo** I agree/Agreed:
d' (**di** in front of consonants)=of; **l'accordo** (m)=agreement.
● **Come ti chiami?** What's your name?
come?=how; **chiamarsi**=to call oneself (a reflexive verb).
● **Quanti anni hai?** How old are you?
quanti?=how many?; **anni**=years; **hai?**=have (you)?
● **Ho diciannove anni.** I'm nineteen:

ho=(I) have; **diciannove**=nineteen; **anni**=years.

page 12
● **Sono a casa.** I'm at home:
sono=(I) am; **a casa**=at (my) house.

page 18
● **ATTENTI AL CANE!** BEWARE OF THE DOG:
attenti=careful (m.pl); **al**=(**a**+**il**) to the; **cane**=dog.

page 26
● **Servitevi.** Help yourselves:
servirsi=to serve oneself (reflexive verb).
● **Buon appetito!** Enjoy your meal:
buon=good; **appetito**=appetite. This is a polite phrase you say to people who are about to eat. Note that **buono** becomes **buon** in front of most masculine nouns.
● **È buono.** It tastes good:
è=(it) is; **buono**=good.

page 37
● **Che desidera?** What would you like?
che?=what?; **desidera**=do (you) want/wish? (you use the **lei** form to be polite, see page 98).
● **Servizio compreso?** Is service included?
il servizio=service; **compreso**=included.
● **Senza servizio!** Service not included!
senza=without; **servizio**=service.

page 43
● **Fa...** That will be...
fa=it makes; this is another way of saying **costa...** (see page 44).

*Literal meanings of Italian words are introduced by the sign =.

page 44
●**Che cosa desidera?**   What would you like?
che cosa=what; **desidera**=do (you) want/wish?
(same meaning as **Che desidera?** See page 37).
● **Vorrei...**   I would like...
vorrei=(I) would like (conditional tense of **volere**=to want);
this is how you ask for things in shops, restaurants, ticket offices etc...
● **Che taglia è?**   What size is it?
che=what; **taglia**=size; **è**=is (it).
● **Quanto costa...?**   How much is...?
quanto=how much; **costa**=(it) costs.
e.g. **Quanto costa questo vestito? How much is this dress?**
● **Costa...**   It costs.
costa=(it) costs.

page 48
● **Pronto!**   Hello!
pronto=ready; **pronto** on its own is only used on the telephone.
●**Chi parla?**   Who's speaking?
chi=who? **parla**=speaks.

page 49
● **Egregi signori,**   Dear Sir/Madam:
egregi=distinguished; **signori**=sirs (plural of **signore** – sir – but it is also used to address men and women).
● **Caro/Cara,**   Dear, (m,f)
This is how you open a less formal letter.
● **In allegato trovate**   Please find enclosed:
in=in; **allegato**=enclosed; **trovate**=(you) (pl) find.
● **Con i migliori saluti**   Yours faithfully:
con=with; **i migliori**=the best; **saluti**=greetings.

● **La tua lettera mi ha fatto molto piacere**   It was lovely to hear from you:
la tua lettera=your letter; **mi ha fatto**=has done to me; **molto**=a lot; **piacere**=pleasure.
● **Tanti baci...**   Love from:
tanti=many; **baci**=kisses.
● **È molto bello qui.**   It's really lovely here:
è=(it) is; **molto**=very; **bello**=beautiful; **qui**=here.
● **Penso molto a te**   Thinking of you:
penso=(I) think; **molto**=a lot; **a te**=to you.
● **Urgente stop chiamare a casa stop**   urgent message stop phone home stop:
chiamare=to call/phone, **urgente**=urgent; **a casa**=at home.

page 50
● **In quale direzione è...?**   Which way is...?
in=in; **quale**=which; **direzione**=direction; **è**=is.
● **È distante?**   Is it far to...?
è=is(it);
distance=far(to).

page 52
● **Divieto di sosta!**   No parking!
divieto=prohibition; **di**=of; **sosta**=parking.

page 55
● **Non fumatori**   No smoking:
=non-smokers.

page 78
● **Buon compleanno!**   Happy birthday! **buon**=good;
compleanno=birthday.

page 79
● **Buon Natale!**   Happy Christmas!
buon=good; **Natale**=Christmas.
● **Mille grazie**   Thank you very much:
mille=a thousand; **grazie**=thanks.
● **Buon anno!**   Happy New Year!
buon=good; **anno**=year.

page 82
● **Si fa giorno**   It is getting light:
si fa=(it) is making itself (**fare** is commonly used to describe the weather, see examples on page 85); **giorno**=daylight (**giorno** means "daylight" as well as "day").
● **Si è fatto giorno.**   It is light:
Si è fatto =(it) has made itself **giorno**=daylight (see above).
● **Si fa buio**   It is getting dark:
si fa=(it) is making itself (see above); **buio**=dark, darkness.
● **È buio**   It is dark:
è=(it) is; **buio**=dark.

page 83
● **Che ora è?**   What time is it?
che=what; **ora**=hour; **è**=is.
● **È l'una**   It is one o'clock;
è=(it) is; **l'una**=the one, meaning "the hour one". In Italian you put "the" in front of the number.
● **Sono le tre**   It is three o'clock:
sono=(they) are; **le tre**= three, meaning "the hours three".
● **le dieci e cinque/e un quarto/e mezzo**   five minutes/a quarter/half past ten:
le dieci=(the) ten (see above); **e cinque**=and five; **e un quarto**=and (a) quarter; **e mezzo**=and half.
● **le otto di mattina/sera**   8 a.m./p.m.:
le otto=the eight (eight o'clock); **di mattina**=of (the) morning; **di sera**=of (the) evening.

page 84
● **Piove**   It is raining:
piove=(it) rains

page 85
● **Che tempo fa?**   What is the weather like?
che=which; **tempo**=weather; **fa?**=does (it) make? (see **fa giorno** page 82).
● **Ho caldo**   I'm hot:
ho=(I) have; **caldo**=hot; (**avere**=to have is often used in such expressions, e.g. **ho fame/ freddo**=I'm hungry/cold).
● **C'è vento/nebbia**   It's windy/ foggy:
c'è=there is; **vento**=wind; **nebbia**=fog.

English-Italian word list

Here you will find the Italian words, phrases and expressions from the illustrated section of the book listed in English alphabetical order. Wherever useful, phrases and expressions are cross referenced, and the words they are made up from are included in the list.

Following each Italian term you will find its pronunciation in italics. To pronounce Italian properly, you need to listen to an Italian person. This pronunciation guide will give you an idea as to how pronounce new words and act as a reminder to words you have heard spoken.

When using the pronunciation hints in italics, read the "words" as if they were in English but bear in mind the following points:

- a is said like a in *cat*
- ai is like *hair*
- e is like in day
- ay (usually at the beginning and end of words) is also like in *day* but longer
- ly is a sound which doesn't exist in English. You obtain it by saying LEE with stretched lips as if for a smile and with tongue pressed against the roof of your mouth
- ny as in *onion*

A

to accelerate	accelerare	ac-chElerArey
actor	l'attore	l'at-tOrey
actress	l'attrice	l'at-trEEchey
to add	addizionare	ad-dEEtzyonarey
address	l'indirizzo (m)	l'eendeerEEtzo
advertisement	la pubblicità	la poob-bleecheetA
aeroplane	l'aereo (m)	l'a-Alreyo
Africa	l'Africa (f)	l'Afreeka
in the afternoon	il pomeriggio	eel pomerEEj-jo
against	contro	kOntro
age	l'età (f)	l'etA
I agree, agreed	D'accordo	d'ak-kOrdo
air hostess	la hostess	la Ostes
air steward	lo steward	lo steward
airmail	la posta aerea	la pOsta a-Alreya
airport	l'aeroporto (m)	l'AIropOrto
aisle	il corridoio	eel kor-reedOyo
alarm clock	la sveglia	la zvElya
alone	solo(a)	sOlo(a)
alphabet	l'alfabeto (m)	l'alfabAlto
ambulance	l'ambulanza (f)	l'amboolAntza
among	tra/fra	trA/frA
anchor	l'àncora (f)	l'Ankora
and	e	ey
animal	l'animale (m)	l'aneemAley
ankle	la caviglia	la kavEElya
to answer	rispondere	reespOnderey
to answer the telephone	rispondere al telefono	reespOnderey al telAlfono
apple	la mela	la mEla
apple tree	il melo	eel mElo
apricot	l'albicocca (f)	l'albeekOk-ka
April	aprile	aprEEley
architect	l'architetto(a)	l'arkeetEt-to(a)
area code (telephone)	il prefisso	eel prefEEs-so
arm	il braccio	eel brAc-cho
armchair	la poltrona	la poltrOna
Arrivals	Arrivi (m,pl)	ar-rEEvee
art gallery	la galleria d'arte	la gallerYa d'Artey
article (in newspaper)	l'articolo (m)	l'artEEkolo
to ask a question	fare una domanda	fArey oona domAnda
to ask the way	domandare la strada	domandArey la strAda
to fall asleep	addormentarsi	ad-dormentArsee
at the beach	alla spiaggia	al-la spyAj-ja
athletics	l'atletica (f) leggera	l'atlAlteeka lej-jAlra
Atlantic Ocean	l'Atlantico (m)	l'atlAn-teeko
attic	la soffitta	la sof-fEEt-ta
audience	gli spettatori	lee spet-tatOree
August	agosto	agOsto
aunt	la zia	la tzEEa
Australia	l'Australia (f)	l'owstrAlya
autumn	l'autunno (m)	l'owtOOn-no
away from…	via da…	vEEa da

B

baby	il bebè	eel bebAl
back (of body)	la schiena	la skyAlna
to do back-stroke	nuotare sulla schiena	nwotArey sool-la skyAlna
backwards	all'indietro	al-l'eendyAltro

English	Italian	Pronunciation
bait	l'esca (f)	l'Eska
bakery	la panetteria	la panet-terEEa
balcony	il balcone	eel balkOney
with balcony	con balcone	kon balkOney
bald	calvo(a)	kAlvo(a)
to be bald	essere calvo(a)	Als-sereykAlvo(a)
ball	la palla	la pAl-la
ballet	il balletto	eel bal-lEt-to
ballet dancer (m)	il ballerino	eel bal-lerEEno
ballet dancer (f)	la ballerina	la bal-lerEEna
balloon	il palloncino	eel pal-lonchEEno
banana	la banana	la banAna
bandage	la fasciatura	la fashatOOra
bank (river)	la riva	la rEEva
bank	la banca	la bAnka
bank manager	il direttore della banca	eel deeret-tOrey dElla bAnka
to bank money	fare un versamento	fArey oon versamEnto
barefoot	scalzo(a)	skAltzo(a)
bargain	l'affare (f)	l'af-fArey
to bark	abbaiare	ab-baYArey
barn	il granaio	eel granAyo
barrier	la sbarra	la zbAr-ra
basement	lo scantinato	lo skanteenAto
basket	il cestino	eel chestEEno
bath	la vasca da bagno	la vAska da bAnyo
to have a bath	fare il bagno	fArey eel bAnyo
to run a bath	fare scorrere l'acqua del bagno	fArey skOr-rerey l'Akwa del bAnyo
bathmat	lo scendibagno	lo shendeebAnyo
bathrobe	l'accappatoio (m)	l'ak-kap-patOyo
bathroom	il bagno	eel bAnyo
with bathroom	con bagno	kon bAnyo
to be	essere	Als-serey
to be born	nascere	nAsherey
to be called, to be named	chiamarsi	kyamArsee
to be fond of	voler bene a	volEr bAIney a
to be frozen	essere gelato (a)	Als-serey jelAto (a)
to be happy	essere felice (m,f)	ais-sEray felEEchey
to be hungry	aver fame	avEr fAmey
to be late	essere in ritardo	Als-serey een reetArdo
to be on time	essere puntuale	Als-serey poonTWAley
to be seasick	soffrire di mal di mare	sof-frEErey dee mAl dee mArey
to be sick	vomitare	vomeetArey
to be sleepy	avere sonno	avErey sOn-no
to be thirsty	avere sete	avErey sEtey
beach	la spiaggia	la spyAj-ja
beak	il becco	eel bAIk-ko
beans	i fagioli (m.pl)	ee fajOlee
green beans	i fagiolini (m.pl)	ee fajolEEnee
beard	la barba	la bArba
to have a beard	portare la barba	portArey la bArba
bed	il letto	eel lAIt-to
to go to bed	coricarsi	koreekArsee
bedroom	la camera da letto	la kAmera da lAIt-to
bedside table	il comodino	eel komodEEno
bedspread	il copriletto	eel kopree Al t-to
bedtime	l'ora di andare a dormire	l'Ora dee andArey a dormEErey
bee	l'ape (f)	l'Apey
beer	la birra	la bEEr-ra
behind	dietro(a)	dyAltro(a)
Belgium	il Belgio	eel bAlljo
bell	il campanello	eel campanAll-lo
to belong to	essere membro(a) di	Als-serey mAlmbro(a) dee
belt	la cintura	la cheentOOra
safety belt, seatbelt	la cintura di sicurezza	la cheentOOra dee seekoorEtza
bench	la panchina	la pankEEna
beside	accanto a	ak-kAnto a
best	il/la migliore	eel/la meelyOrey
better	meglio	mAllyo
to feel better	sentirsi meglio	sentEErsee mAllyo
between	tra/fra	trA/frA
Beware of the dog	Attenti al cane	at-tAIntee al kAney
bicycle	la bicicletta	la beecheeklEt-ta
big	grande	grAndey
bill	il conto	eel kOnto
bin	il secchio delle immondizie	eel sAIk-kyo dEl-ley eem-mondEEtzyey
biology	la biologia	la byolojYa
bird	l'uccello (m)	l'ooc-chAll-lo
birth	la nascita	la nAsheeta
birthday	il compleanno	eel kompleAn-no
birthday card	la cartolina d'auguri	la kartolEEna d'owgOOree
biscuit	il biscotto	eel beeskOt-to
bitter	amaro (a)	amAro (a)
black	nero(a)	nEro(a)
blackbird	il merlo	eel mAlrlo
blackboard	la lavagna	la lavAnya
block of flats	il caseggiato	eel kasaij-jAto
blond	biondo(a)	byOndo(a)
blond hair	i capelli biondi	ee kapEl-lee byOndee
blouse	la camicetta	la kameechEt-ta
blue	azzurro	atzOOrro
to board (a plane)	imbarcarsi	eembarkArsee
board game	il gioco da tavola	eel jOko da tAvola
boat	la nave	la nAvey
to travel by boat	andare via nave	andArey vYa nAvey
body	il corpo	eel kOrpo
bonnet (of car)	il cofano	eel kOfano
book	il libro	eel lEEbro
picture book	il libro illustrato	eel lEEbro eel-loostrAto
fully booked, booked up	completo(a)	komplAto(a)
bookshop	la libreria	la leebrerEEa
boot (of car)	il portabagagli	eel portabagAly
boots	gli stivali	ly steevAlee
wellington boots	gli stivali di gomma	ly steevAlee dee gOm-ma
boring	noioso(a)	noYOso(a)
to be born	nascere	nAsherey
boss	il direttore	eel deerait-tOrey
	la direttrice	la deerait-trEEchey
bottle	la bottiglia	la bot-tEElya
bouquet	il mazzo di fiori	eel mAtzo dee fyOree
boutique	il negozio di mode	eel negOtzyo dee mOdey
bowl	il piatto fondo	eel pyAt-to fOndo
bowl for goldfish	il vaso dei pesci rossi	eel vAzo dEy pEshee rOs-see
box-office	lo sportello	lo sportAll-lo
boy	il ragazzo	eel ragAtz-zo
bra	il reggiseno	eel rej-jeesEno
bracelet	il braccialetto	eel brac-chalEt-to
branch	il ramo	eel rAmo
brave, courageous	coraggioso(a)	koraj-jOso(a)
bread	il pane	eel pAney

break (at school)	la pausa	la pOWsa
to break	rompere	rOmperey
to break your leg	rompersi la gamba	rOmpersee la gAmba
breakdown	il guasto	eel gwAsto
to have a breakdown	avere un guasto al motore	avErey oon gwAsto al motOrey
breakfast	la colazione	la kolazYOne
to do breast-stroke	nuotare a rana	nwotArey a rAna
bride	la sposa	la spOza
bridegroom	lo sposo	lo spOzo
bridge	il ponte	eel pOntey
bright	vivace	veevAchey
to bring up	educare	aidookArey
broad	largo(a)	lArgo(a)
brooch	la spilla	la spEEl-la
brother	il fratello	eel fratAll-lo
brown	marrone	mar-rOney
brown hair	i capelli bruni	ee kapEl-lee brOOnee
bruise	il livido	eel lEEveedo
brush (for painting)	il pennello	eel pennAll-lo
brush (for hair)	la spazzola	la spAtz-zola
toothbrush	lo spazzolino	lo spatz-zolEEno
to brush your hair	spazzolarsi i capelli	spatz-zolArsee ee kapEl-lee
Brussels sprouts	i cavolini di Bruxelles	ee KavolEEnee dee BrooxAll
bucket	il secchiello	eel sek-kyAll-lo
budgie	il pappagallino	ell pap-pagal-lEEno
buffet car	il vagone ristorante	eel vagOney reestorAntey
builder, labourer	il muratore	eel mooratOrey
building	l'edificio (m)	l'edeefEEcho
bulb (plant)	il bulbo	eel bOOlbo
bunch of flowers	il mazzo di fiori	eel mAtzo dee fyOree
burn	l'ustione (f)	l'oostyOney
to burst out laughing	scoppiare in una risata	skop-pyArey een oona reesAta
bus	l'autobus (m)	l'owtobOOs
bus stop	la fermata	la fermAta
to take the bus	prendere l'autobus	prAInderey l'owtobOOs
bush	il cespuglio	eel chespOOlyo
bustling, busy	animato	animAto
butcher's	la macelleria	ela machel-lerEEa
butter	il burro	eel bOOr-ro
buttercup	il botton d'oro	eel bot-tOn d'Oro
butterfly	la farfalla	la farfAl-la
button	il bottone	eel bot-tOney
to buy	comprare	komprArey
by return of post	a giro di posta	a jEEro dee pOsta

C

cabbage	il cavolo bianco	eel kAvolo byAnko
cabin	la cabina	la kabEEna
cage	la gabbia	la gAb-bya
cake	la torta	la tOrta
cake shop	la pasticceria	la pasteec-cherEEa
to calculate	calcolare	kalkolArey
calculator	la calcolatrice	la kalkolatrEEchey
calendar	il calendario	eel kalendAryo
calf	il vitello	eel veetEL-lo
camel	il cammello	eel kam-mAll-lo
camera	la macchina fotografica	la mAk-keena fotogrAfeeka

to camp, to go camping	campeggiare	kampej-jArey
campsite	il campeggio	eel kampEj-jo
Can I help you?	Che cosa desidera?	ke kOsa deseedEra
Canada	il Canada	eel kAnada
candle	la candela	la kandEla
canoe	la canoa	la kanOa
cap	il berretto	eel ber-rEt-to
capital letter	la maiuscola	la mayOOskola
to capsize	capovolgersi	kapovOljersee
captain	il capitano	eel kapeetAno
car	l'automobile (f)	l'owtomObeeley
car-park	il parcheggio	eel parkEj-jo
caravan	la roulotte	la roolOt
card		
credit card	la carta di credito	la kArta dee krEdeeto
playing cards	le carte	ley kArtey
postcard	la cartolina	la kartolEEna
to play cards	giocare a carte	jokArey a kArtey
cardigan	il cardigan	eel kardeegan
careless	trascurato(a)	traskoorAto(a)
caretaker (m)	il portinaio	eel porteenAyo
caretaker (f)	la portinaia	la porteenAya
cargo, load	il carico	eel kAreeko
carpet, rug	il tappeto	eel tap-pEto
fitted carpert	la moquette	la mokAlt
carriage	la carrozza	la karOtza
carrier-bag	il sacchetto	eel sak-kEt-to
to carry	portare	portArey
carrot	la carota	la karOta
cashier (m)	il cassiere	eel kas-syAIrey
cashier (f)	la cassiera	la kas-syAIra
cassette	la cassetta	la kas-sEt-ta
casette recorder	il registratore a cassette	eel rejeestratOrey a kas-sAlt-tey
casualty departement	il pronto soccorso	eel prOnto sok-kOrso
cat	il gatto	eel gAt-to
to catch	prendere	prAInderey
to catch a fish	prendere un pesce	prAInderey oon pEshey
to catch the train	prendere il treno	prAInderey eel trAIno
cathedral	il duomo	eel dwOmo
cauliflower	il cavolfiore	eel kavolfyOrey
to celebrate	festeggiare	festej-jArey
cellar	la cantina	la kantEEna
cello	il violoncello	eel vyolonchEl-lo
to play the cello	suonare il violoncello	swonArey eel vyOlonchEl-lo
cemetery	il cimitero	eel cheemeetAIro
centimetre	il centimetro	eel chentEEmetro
centre (in politics)	di centro	dee chAIntro
chair	la sedia	la sAIdya
chairlift	la seggiovia	la sej-jovEEa
chalk	il gesso	eel jAls-so
change (money)	gli spiccioli	ly spEEc-cholee
Have you any small change?	Ha spiccioli?	a spEEc-cholee
to change money	cambiare denaro	kambYArey denAro
channel (TV and radio)	il canale	eel kanAley
to chase	rincorrere	reenkOr-rerey
to chat	discorrere	diskOr-rerey
check-in	il check-in	eel chek een
cheek	la guancia	la gwAncha
cheerful	allegro(a)	al-lEgro(a)
cheese	il formaggio	eel formAj-jo
checkout	la cassa	la kAs-sa
chemist (shop)	la farmacia	la farmachEEa
chemistry	la chimica	la kEEmeeka

cheque	l'assegno (m)	l'as-sEnyo
to write a cheque	fare un assegno	fArey oon as-sEnyo
cheque-book	il libretto degli assegni	eel leebrEt-to dEly as-sEnyee
cherry	la ciliegia	la cheelyAlja
to play chess	giocare a scacchi	jokArey a skAk-kee
chest	il petto	eel pAlt-to
chick peas	i ceci (m,pl)	ee chEchee
chicken	il pollo	eel pOl-lo
child (m)	il bambino	eel bambEEno
child (f)	la bambina	la bambEEna
childhood	l'infanzia (f)	l'eenfAntzya
children	i figli	fEElyee
chimney	il camino	eel kamEEno
chin	il mento	eel mEnto
China	la Cina	la chEEna
chocolate	il cioccolato	eel chok-kolAto
choir	il coro	eel kOro
Christmas	il Natale	eel natAley
Christmas Day	il giorno di Natale	eel jOrno dee natAley
Christmas carol	il canto natalizio	eel kAnto natalEEtzyo
Happy Christmas	Buon Natale!	bwOn natAley
Christmas Eve	la vigilia di Natale	la veejEElya dee natAley
Christmas tree	l'albero (m) di Natale	l'Albero dee natAley
chrysanthemum	il crisantemo	eel kreesantAlmo
church	la chiesa	la kyAlsa
cinema	il cinema	eel chEEnema
to go to the cinema	andare al cinema	andArey al chEEnema
circle	il cerchio	eel chErkyo
city	la città	la cheet-tA
to clap	applaudire	ap-plowdEErey
classroom	l'aula (f)	l'OWla
claw	l'artiglio (m)	l'artEElyo
clean	pulito(a)	poolEEto(a)
to clean your teeth	lavarsi i denti	lavArsee ee dAIntee
climate	il clima	eel klEEma
to climb	salire	salEErey
to climb (mountain climbing)	scalare	scalArey
to climb a tree	arrampicarsi su un albero	ar-rampeekArsee soo oon Albero
climber	l'alpinista (m,f)	l'alpeenEEsta
cloakroom	il guardaroba	eel gWArdarOba
clock	l'orologio (m)	l'orolOjo
alarm clock	la sveglia	la zvElya
to close	chiudere	kyOOderey
closed	chiuso(a)	kyOOso(a)
clothing	i vestiti	ee vestEEtee
clothes	abbigliamento	ab-beelyamEnto
clothes peg	la molletta da bucato	la mol-lEt-ta da bookAto
cloud	la nuvola	la nOOvola
coach	il pullman	eel pOOlman
coat	il cappotto	eel kap-pOt-to
cock	il gallo	eel gAl-lo
coffee	il caffè	eel caf-fAl
coffee-pot	la caffettiera	la kaf-fet-tyAlra
coin	la moneta	la monEta
cold	freddo	frEd-do
It's cold.	Fa freddo.	fa frEd-do
cold water	l'acqua (f) fredda	l'Ak-kwa frEd-da
to have a cold	avere un raffreddore	avErey oon raf-fred-dOrey
to collect	collezionare	kol-letzyonArey
to collect stamps	collezionare francobolli	kol-letzyonArey frankobOl-lee
collection	la collezione	la kol-letzyOney
collection times (post)	la levata delle lettere	a levAta dEl-ley lAlt-terey
collision	l'incidente (m)	l'eenchidAlntey
colour	il colore	eel kolOrey
comb	il pettine	eel pAltteeney
to comb your hair	pettinarsi	pet-teenArsee
comic (book)	i fumetti	ee foomEt-tee
complexion	il colorito	eel kolorEEto
computer	il computer	eel komputer
computer studies	l'informatica (f)	l'eenformAteeka
conductor (orchestra)	il direttore d'orchestra	eel deeret-tOrey d'orkAlstra
cone	il cono	eel kOno
to congratulate	fare gli auguri	fArey ly owgOOree
continent	il continente	eel konteenAlntey
to cook	cucinare, cuocere	koocheenArey, kwOcherey
corner	l'angolo (m)	l'Angolo
to cost	costare	kostArey
It costs…	Costa…	kOsta
costume	il costume	eel kostOOmey
cot	la culla	la kOOl-la
cottage	la casa di campagna	la kAsa dee kampAnya
cotton, made of cotton	di cotone	dee kotOney
counter	il banco	eel bAnko
country	il paese	eel paEsey
countryside	la campagna	la KampAnya
cousin (m)	il cugino	eel koojEEno
cousin (f)	la cugina	la koojEEna
cow	la vacca	la vAk-ka
cowshed	la stalla	la stAl-la
crab	il granchio	eel grAnkyo
to crawl, to do the crawl	nuotare a stile libero	nwotArey astEEley lEEbairo
crayon	la matita colorata	la matEEta kolorAta
cream	la crema	la krAlma
cream cake	la torta alla panna	la tOrta al-pa pAn-na
crew	l'equipaggio (m)	l'ekwypAj-jo
cross, angry	arrabbiato(a)	ar-rabbyAto(a)
to cross the street	attraversare la strada	at-traversArey la strAda
crossing (sea)	la traversata	la traversAta
crowd	la folla	la fOl-la
to cry	piangere	pyAngerey
cup	la tazza	la tAtz-za
cupboard	la credenza	la kredAlntza
to cure	guarire	gwarEErey
curly	ricciuto(a)	reec-chOOto(a)
curly hair	i capelli ricci	ee kapEl-lee rEEc-chee
curtain	la tenda	la tAlnda
customer	il/la cliente	eel/la klyAlntey
customs	la dogana	la dogAna
customs officer	il doganiere	eel doganyAlrey
cut (wound)	la ferita	la ferEEta

D

daffodil	il trombone	eel trombOney
daisy	la margherita	la margerEEta
to dance	ballare	bal-lArey
dance floor	la pista da ballo	la pEEsta da bAl-lo
dark	buio	bOOyo
dark (colour, complexion)	scuro(a)	skOOro(a)
It is dark.	È buio.	Al bOOyo
It is getting dark.	Si fa buio.	see fa bOOyo

English	Italian	Pronunciation
date	la data	la dAta
daughter	la figlia	la fEElya
dawn	l'alba (f)	l'Alba
day, daytime, in the daytime	il giorno	eel jOrno
the day after tomorrow	dopodomani	dopodomAnee
the day before yesterday	l'altro ieri	l'altroyAlree
Dear....	Caro(a)...	kAro(a)
Dear Sir/Madam	Egregi Signori	egrAlgee seenyOree
death	la morte	la mOrtey
December	dicembre	deechAlmbrey
deck	la coperta	la kopAlrta
deep	profondo(a)	profOndo(a)
delicatessen	la salumeria	la saloomerEEa
delicious	squisito (a)	skwysEEto
to deliver	distribuire	deestreebooYrey
democratic	democratico(a)	demokrAteeko(a)
dentist	il/la dentista	eel/la dentEEsta
department (in shop)	il reparto	eel repArto
department store	il grande magazzino	eel grande magatzEEno
Departures	Partenze	partAlntzey
desert	il deserto	eel desAlrto
designer (m)	il disegnatore	eel deesenyatOrey
designer (f)	la disegnatrice	la deesenyatrEEchey
dessert, pudding	il dolce	eel dOlchey
to dial the number	comporre il numero	kompOr-rey eel nOOmero
diary	l'agenda (f)	l'ajAlnda
to die	morire	morEErey
different	differente	deef-fairEntey
difficult	difficile	deef-fEEcheeley
to dig	scavare	scavArey
dining room	la sala da pranzo	la sAla da prAntzo
dinner	la cena	la cEna
dirty	sporco(a)	spOrko(a)
disc-jockey	il disc-jockey	eel deeskjokey
district	il quartiere	eel kwartyAlrey
to dive	tuffarsi	toof-fArsee
to divide	dividere	deevEEderey
divided by (maths)	diviso per	deevEEso per
diving board	il trampolino	eel trampolEEno
to do	fare	fArey
to do back-stroke	nuotare sulla schiena	nwotArey sool-la skyAlna
to do breast-stroke	nuotare a rana	nwotArey a rAna
to do the gardening	fare il giardinaggio	fArey eel jardeenAj-jo
to do the shopping	fare la spesa	fArey la spEsa
docks, quay	il bacino	eel bacEEno
doctor (m)	il dottore	eel dot-tOrey
doctor (f)	la dottoressa	la dot-torEs-sa
dog	il cane	eel kAney
do-it-yourself	il fai da te	eel fy da tEy
donkey	l'asino (m)	l'Azeeno
door	la porta	la pOrta
front door	il portone	eel portOney
doorbell	il campanello	eel kampanAll-lo
doormat	lo zerbino	lo tzerbEEno
double room	la camera doppia	la kamEra dOp-pya
doughnut	il bombolone	eel bombolOney
down	giù	jOO
downstairs	giù	jOO
to go downstairs	andare giù	andArey jOO
dragonfly	la libellula	la leebAll-loola
to play draughts	giocare a dama	jokArey a dAma
to dream	sognare	sonyArey
dress	il vestito	eel vestEEto
to get dressed	vestirsi	vestEErsee
dressing gown	la vestaglia	la vestAlya
to drink	bere	bErey
to drive	guidare	gweedArey
driver	l'autista (m)	l'owtEEsta
to drop	far cadere	fAr cadErey
drums	la batteria	la bat-terEEa
to play the drums	suonare la batteria	swonArey la bat-terEEa
to dry	asciugare	ashoogArey
to dry your hair	asciugarsi i capelli	ashoogArsee ee kapEl-lee
to dry yourself	asciugarsi	ashoogArsee
duck	l'anatra (f)	l'Anatra
dull	spento(a)	spAlnto(a)
dungarees	la salopette	la salopAlt-tey
dustman	lo spazzino	lo spatzEEno
duty-free shop	il duty-free shop	eel duty free shop
duvet	il piumino	eel pyoomEEno

E

eagle	l'aquila (f)	l'Akwyla
ear	l'orecchio (m)	l'orEkkyo
earring	l'orecchino (m)	l'orek-kEEno
east	l'est (m)	l'Alst
Easter	la Pasqua	la pAskwa
easy	semplice	sEmpleechey
to eat	mangiare	manjArey
to have eaten well	avere mangiato bene	avErey manjAto bAlney
egg	l'uovo (m)	l'wOvo
eight	otto	Ot-to
8 in the morning, 8 a.m.	le otto di mattina	ley Ot-to dee mat-tEEna
8 in the evening, 8 p.m.	le otto di sera	ley Ot-to dee sEra
eighteen	diciotto	deechOt-to
eighty	ottanta	ot-tAnta
elbow	il gomito	eel gOmeeto
election	l'elezione (f)	l'elezyOney
electricity	la corrente	la kor-rEntey
elephant	l'elefante (m)	l'elefAntey
eleven	undici	oondEEchee
emergency	l'emergenza (f)	l'emairjAlnza
to employ someone	impiegare qualcuno	impyegArey kwalkOOno
employee	l'impiegato(a)	l'eempyegAto(a)
empty	vuoto(a)	vwOto(a)
to empty	vuotare	vwotArey
Encore!	Bis!	bEEs
to get engaged	fidanzarsi	feedantzArsee
engine (car)	il motore	eel motOrey
engine (train)	la locomotiva	la lokomotEEva
English (language, subject)	l'inglese (m)	l'eenglEsey
Enjoy your meal!	Buon appetito!	bwOn appetEEto
to enjoy yourself	divertirsi	deevertEErsee
enormous	enorme	enOrmey
entrance	l'ingresso (m)	l'eengrAls-so
no entry (road sign)	divieto d'accesso	deevyAlto d'achEsso
envelope	la busta	la bOOsta
equator	l'equatore (m)	l'ekwatOrey
escalator	la scala mobile	la skAla mObeeley
Europe	l'Europa (f)	l'eoorOpa

evening, in the evening	la sera	la sEra
this evening	stasera	stasEra
8 in the evening	le otto di sera	ley Ot-to dee sEra
exam	l'esame (m)	l'esAmey
to fail (an exam)	essere bocciato (a)	Ais-serey bochAto(a)
to pass an exam	superare un esame	sooperArey oon esAmey
to sit an exam	fare un esame	fArey oon esAmey
exchange rate	il corso dei cambi	eel kOrso dAlee kAmbee
to exercise	allenarsi	al-lenArsee
exercise book	il quaderno	eel kwadAlrno
exhibition	l'esposizione (f)	l'esposeezyOney
exit	l'uscita (f)	l'ooshEEta
expensive	caro(a)	kAro(a)
It's expensive.	È caro(a).	Al kAro(a)
eye	l'occhio (m)	l'Ok-kyo

F

fabric	il tessuto	eel tes-sOOto
face	il viso	eel vEEso
factory	la fabbrica	la fAb-breeka
to fail (an exam)	bocciare	boc-chArey
to faint	svenire	zvenEErey
fair (complexion)	chiaro(a)	kyAro(a)
to fall asleep	addormentarsi	ad-dormentArsee
false	falso(a)	fAlso(a)
family	la famiglia	la famEElya
famous	famoso(a)	famOso(a)
far	lontano	lontAno
far away from	lontano da	lontAno da
fare	il prezzo della corsa	eel prAltzo dEll-la kOrsa
farm	la fattoria	la fat-torEEa
farmer (m)	il contadino	eel kontadEEno
farmer (f)	la contadina	la kontadEEna
farmhouse	la casa colonica	la kAsa kolOneeka
farmyard	il cortile	eel kortEEley
fashionable	alla moda	al-la mOda
fast	veloce	velOchey
Please fasten your seatbelts	Vi prego di allacciare le cinture	vee prAlgo dee al-lachArey ley cheentOOrey
fat	grasso(a)	grAs-so(a)
father	il padre	eel pAdrey
feather	la penna	la pEn-na
February	febbraio	feb-brAyo
to feed	dare da mangiare a	dArey da manjArey a
to feel better	sentirsi meglio	sentEErsee mAllyo
to feel ill	sentirsi male	sentEErsee mAley
ferry	il traghetto	eel traghEt-to
to fetch	riportare	reeportArey
field	il campo	eel kAmpo
fifteen	quindici	kwYndeechee
the fifth (for dates only)	il cinque	eel chEEnqway
fifty	cinquanta	cheenkwAnta
to fill	riempire	ryempEErey
to fill up with petrol	fare il pieno di benzina	fAray eel pyAlno dee bentzEEna
to have a filling (in a tooth)	farsi otturare un dente	fArsee ot-toorArey oon dAlntey
film (for camera)	la pellicola	la pel-lEEkola
film (at cinema)	il film	eel fEElm
It's fine.	Fa bel tempo.	fa bAll tAlmpo
finger	il dito	eel deeto

fire	il fuoco	eel fwOko
fire engine	il camion dei pompieri	eel kAmyon dey pompyAlree
to fire someone	licenziare qualcuno	leechenzyArey kwalkOOno
fire station	la caserma dei pompieri	la kasAlrma dEy pompyAlree
fireman	il pompiere	eel pompyAlrey
fireplace	il caminetto	eel kameenEt-to
the first	il primo	eel prEEmo
first class	la prima classe	la prEEma klAs-sey
first floor	il primo piano	eel prEEmo pyAno
fir tree	l'abete (m)	l'abAltey
fish	il pesce	eel pEshey
to go fishing	andare a pescare	andAray a peskArey
fishing boat	la barca da pesca	la bArka da pEska
fishing rod	la canna da pesca	la kAn-na da pEska
fishmonger	la pescheria	la peskerEEa
to be fit	essere in forma	Als-serey een fOrma
fitted carpet	la moquette	la mokAlt
five	cinque	chEEnkwey
five past ten	le dieci e cinque	ley dyAlchee ey chEEnkwey
flag	la bandiera	la bandyAlra
flannel	il guanto da bagno	eel gwAnto da bAnyo
flat	l'appartamento (m)	l'ap-partamEnto
block of flats	il caseggiato	eel kasej-jAto
flat tyre	il pneumatico a terra	eel pne-oomAteeko a tAlr-ra
flavour, taste	il sapore	eel sapOrey
to float	galleggiare	gal-laijAre
flock (of sheep)	il gregge	eel grEj-jey
flood	l'inondazione (f)	l'eenondazyOney
floor	il pavimento	eel paveemEnto
first floor	il primo piano	eel prEEmo pyAno
ground floor	il pianterreno	eel pyanter-rEno
second floor	il secondo piano	eel sekOndo pyAno
florist	il negozio di fiori	eel negOzyo dee fyOree
flour	la farina	la farEEna
flower	il fiore	eel fyOrey
bunch of flowers	il mazzo di fiori	eel matz-zo dee fyOree
flowerbed	l'aiola (f)	l'ayOla
flowered	a fiori	a fYOree
fly	la mosca	la mOsKa
to fly	volare	volArey
fog	la nebbia	la nEb-bya
It's foggy.	C'è nebbia.	chAl nEb-bya
to follow	seguire	segwYrey
to be fond of	voler bene a	volEr bAlney a
foot	il piede	eel pyAldey
football, ball	il pallone	eel pal-lOney
to play football	giocare a calcio	jokAray a kAlcho
forget-me-not	il nontiscordardimé	il non-ti-scordar-di-me
fork (table)	la forchetta	la forkEt-ta
fork (for gardening)	il forcone	eel forkOney
form	il modulo	eel mOdoolo
forty	quaranta	kwarAnta
forwards	in avanti	een avAnti
foundation (cream)	il fondotinta	eel fondotEEnta
four	quattro	qwAt-tro
the fourth (for dates only)	il quattro	eel qwAt-tro
fourteen	quattordici	qwat-tOrdeechee
fox	la volpe	la vOlpey
fraction	la frazione	la frazyOney
France	la Francia	la frAncha

freckles	le lentiggini	*ley lentEEj-jeenee*	to give (a present)	regalare	*regalArey*
French (language, subject)	il francese	*eel franchEsey*	glass (drinking)	il bicchiere	*eel beek-kyAlrey*
fresh	fresco(a)	*frEsko(a)*	glasses, spectacles	gli occhiali	*ly ok-kyAlee*
Friday	venerdì	*venerdEE*	sunglasses	gli occhiali da sole	*ly ok-kyAlee da sOley*
fridge	il frigorifero	*eel freegorEEfero*	to wear glasses	portare gli occhiali	*portArey ly ok-kyAlee*
friend	l'amico(a)	*l'amEEko(a)*	gloves	i guanti	*ee gwAntee*
friendly	simpatico(a)	*seempAteeko(a)*	to go	andare	*andArey*
frightened	spaventato(a)	*spaventAto(a)*	to go to bed	coricarsi	*koreekArsee*
fringe	la frangia	*la frAnja*	to go to the cinema	andare al cinema	*andArey al chEEnema*
frog	la rana	*la rAna*	to go to a discothèque	andare a ballare	*andArey a bal-lArey*
frost	il gelo	*eel jElo*	to go downstairs	andare giù	*andArey jOO*
to frown	aggrottare le sopracciglia	*ag-grot-t-Arey ley soprac-chEElya*	to go fishing	andare a pesca	*andArey a pEska*
			to go on holiday	andare in vacanza	*andArey een vakAntza*
frozen food	i prodotti surgelati	*ee prodOt-tee soorjelAtee*	to go mountaineering	fare alpinismo	*fArey alpeenEEsmo*
			to go upstairs	andare su	*andArey sOO*
to be frozen	essere gelato(a)	*Als-serey jelAto(a)*	to go for a walk	fare una passeggiata	*fArey oona pas-se-jAta*
fruit	la frutta	*la frOOt-ta*	to go window-shopping	passeggiare guardando le vetrine	*pas-sej-jArey gwardAndo ley vetrEEney*
fruit juice	il succo di frutta	*eel sOOk-ko dee frOOt-ta*			
fruit tart	il dolce di frutta	*eel dOlchey dee frOOta*	to go to work	andare al lavoro	*andArey al lavOro*
full	pieno(a)	*pyAIno(a)*	goal	il goal	*eel gOl*
full stop	il punto	*eel pOOnto*	goalkeeper	il portiere	*eel portyAlrey*
fully booked, booked up	essere completo(a)	*Als-serey komplAlto (a)*	goat	la capra	*la kApra*
			gold	l'oro (m)	*l'Oro*
to have fun	divertirsi	*deevertEErsee*	made of gold	d'oro	*d'Oro*
funeral	il funerale	*eel foonerAley*	goldfish	il pesce rosso	*eel pEshey rOs-so*
funnel (ship)	il fumaiolo	*eel foomaYOlo*	golf club	la mazza da golf	*la mAtz-za da golf*
funny	buffo(a)	*bOOf-fo(a)*	to play golf	giocare a golf	*jokArey a gOlf*
fur	il pelo	*eel pElo*	good	buono(a)	*bwOno(a)*
furniture	i mobili	*ee mObeelee*	Good luck!	Tanti auguri!	*tAntee owgOOree*
future	il futuro	*eel footOOro*	Good morning!	Buon giorno!	*bwonjOrno*
in the future	nel futuro	*nel footOOro*	It's good value.	È a buon mercato.	*Al a bwOn merkAto*
			It tastes good.	È buono.	*Al bwOno*
			Goodbye!	Arrivederci!	*ar-reevedErchee*
			Goodbye! (telephone))	a dopo!	*a dOpo*

G

			Goodnight!	Buonanotte!	*bwonanOt-tey*
art gallery	la galleria d'arte	*la gal-lerEEa d'Artey*	goods train	il treno merci	*eel traino mAlrchee*
game	il gioco	*eel jOco*	goose	l'oca (f)	*l'Oka*
gangway	la passerella	*la pas-serAll-la*	gorilla	il gorilla	*eel gorEEl-la*
garage	il garage	*eel garAj*	government	il governo	*eel govAlrno*
garden	il giardino	*eel jardEEno*	grammar	la grammatica	*la gram-mAteeka*
garden shed	il casotto degli attrezzi	*eel kazOt-to dEly at-trEtzee*	granddaughter	la nipote	*la neepOtey*
			grandmother	la nonna	*la nOn-na*
gardener (m)	il giardiniere	*eel jardeenyAlrey*	grandfather	il nonno	*eel nOn-no*
to do the gardening	fare il giardinaggio	*fArey eel jardeenAj-jo*	grandson	il nipote	*eel nipOtey*
garlic	l'aglio (m)	*l'Alyo*	grape	l'uva (f)	*l'OOva*
gas	il gas	*eel gAs*	grass	l'erba (f)	*l'Alrba*
gate	il cancello	*eel kanchEl-lo*	Great Britain	la Gran Bretagna	*la grAn bretAnya*
to gather speed	accelerare	*achailerArey*	green	verde	*vErdey*
generous	generoso (a)	*jenerOso (a)*	greenhouse	la serra	*la sAlr-ra*
geography	la geografia	*la je-ografEEa*	grey	grigio(a)	*grEEjo(a)*
geranium	il geranio	*eel gerAnee-o*	grocery shop	il negozio di alimentari	*eel negOzeeo dee aleementAree*
German (language, subject)	il tedesco	*eel tedEsko*			
			ground floor	il pianterreno	*eel pyanter-rEno*
Germany	la Germania	*la jermAnya*	to growl	ringhiare	*reenghyArey*
to get dressed	vestirsi	*vestEErsee*	guard (train)	il capotreno	*eel capo-trAlno*
to get engaged	fidanzarsi	*feedantzArsee*	guest	l'invitato(a)	*l'eenveetAto(a)*
to get married	sposarsi	*sposArsee*	guest house, boarding house	la pensione	*la pensyOney*
to get off (bus or train)	scendere	*shEnderey*			
to get on (bus or train)	salire	*salEErey*	guinea pig	il porcellino d'India	*eel porchel-lEEno d'EEndya*
to get undressed	svestirsi	*zvestEErsee*			
to get up	alzarsi	*altzArsee*	guitar	la chitarra	*la keetAr-ra*
giraffe	la giraffa	*la jirAf-fa*	to play the guitar	suonare la chitarra	*swonArey la kitAr-ra*
girl	la ragazza	*la ragAtz-za*	gymnastics	la ginnastica	*la jin-nAsteeka*
to give	dare	*dArey*			

H

haberdasher's	la merceria	la mercherEEa
hail	la grandine	la grAndeeney
to hail a taxi	chiamare un tassì	kyamArey oon tas-sEE
hair	i capelli	ee kapEl-lee
hairdresser(m)	il parrucchiere	eel par-rook-kyAIrey
hairdresser(f)	la parrucchiera	la par-rook-kyAIra
hairdrier	l'asciugacapelli (m)	l'ashOOga-kapEl-lee
a half	la metà	la maitA
half a kilo	mezzo chilo	mAItz-zo kEElo
half a litre	mezzo litro	mAItz-zo lEEtro
half past ten	le dieci e mezza	ley dyAIchee ey mEtz-za
ham	il prosciutto	eel proshOOt-to
hammer	il martello	eel martAll-lo
hamster	il criceto	el creecEto
hand	la mano	la mAno
handbag	la borsa	la bOrsa
hand luggage	il bagaglio a mano	eel bagAlyio a mAno
handsome	bello(a)	bEl-lo(a)
to hang on	tenersi	tenAIrsee
to hang up (telephone)	riattaccare	ryat-tak-kArey
happy (m,f)	felice	felEEchey
to be happy	essere felice	AIs-serey felEEchey
Happy Birthday	Tanti auguri di buon compleanno!	tAntee owgOOree dee bwOn kompley-An-no
Happy New Year!	Buon anno!	bwOn Anno
hard	duro(a)	dOOro(a)
hardworking	diligente	deeleedjAIntey
to harvest	fare la raccolta	fArey la rak-kOlta
hat	il cappello	eel kap-pAll-lo
Have you any small change?	Ha spiccioli?	A spEEc-cholee
to have	avere	avErey
to have a bath	fare il bagno	fArey eel bAnyo
to have a breakdown	avere un guasto al motore	avErey oon gwAsto al motOrey
to have a cold	avere un raffreddore	avErey oon raf-fred-dOrey
to have (…) colour hair	avere i capelli (…)	avErey ee kapEl-lee (…)
to have a filling	farsi otturare un dente	fArsee ot-toorArey oon dAIntey
to have a flat tyre	avere un pneumatico a terra	avEray oon pne-oomAteeko a tEr-ra
to have fun	divertirsi	deevertEErsee
to have a shower	fare la doccia	fArey la dOc-cha
to have stomach-ache	avere mal di stomaco	avErey mAI dee stOmako
to have a temperature	avere la febbre	avErey la fAIb-brey
to have toothache	avere mal di denti	avErey mAI dee dAIntee
hay	il fieno	eel fyAIno
haystack	il pagliaio	eel palyAyo
head	la testa	la tAIsta
to have a headache	avere mal di testa	avErey mAI dee tAIsta
headband	la fascia	la fAshya
headlight	il faro	eel fAro
headline	il titolo	eel tEEtolo
headmaster	il direttore	eel deeret-tOrey
headmistress	la direttrice	la deeret-trEEchey
headphones	la cuffia	la kOOf-fya
healthy	sano(a)	sAno(a)
heavy	pesante (m,f)	pesAntey
to be heavy	essere pesante	AIs-serey pesAntey
hedgehog	il riccio	eel rEEc-cho
heel	il tallone	eel tal-lOney
height	l'altezza (f)	l'altEtz-za
Hello	Buon giorno!	bwon jOrno
Hello (on telephone)	Pronto	prOnto
to help	aiutare	ayootArey
Help yourselves!	Servitevi!	servEEtaivee
Can I help you?	Cosa desidera?	kOsa desEEdera
hen	la gallina	la gal-lEEna
henhouse	il pollaio	eel pol-lAyo
herbs	le erbe	le Erbey
hero, heroine	il/la protagonista	eel/la protagonEEsta
to hide	nascondere	naskOnderey
to hide oneself	nascondersi	naskOndersee
hill	la collina	la kol-lEEna
hippopotamus	l'ippopotamo (m)	l'eep-popOtamo
His/her name is…	Si chiama…	see kyAma
history	la storia	la stOrya
hold (ship's)	la stiva	la stEEva
to hold	tenere	tenErey
holiday	la vacanza	la vakAntza
to go on holiday	andare in vacanza	andArey een vakAntza
hook (for fishing)	l'amo (m)	l'Amo
honey	il miele	eel myAlley
honeymoon	la luna di miele	la lOOna dee myAlley
horn	il clacson	eel klAxon
horse	il cavallo	eel kavAl-lo
horse racing	la corsa di cavalli	la kOrsa dee kavAl-lee
hospital	l'ospedale (m)	l'ospedAley
hot	caldo(a)	kAldo(a)
hot water	l'acqua calda (f)	l'Akkwa kAlda
I'm hot	ho caldo	O kAldo
hotel	l'albergo (m)	l'albAIrgo
to stay in a hotel	stare in albergo	stArey een albAIrgo
hour	l'ora (f)	l'Ora
house	la casa	la kAsa
How are you?	Come va?	kOmay va
How much…?	Quanto…?	kwAnto
How much is that?	Quanto fa?	kwAnto fA
How much is…?	Quanto costa…?	kwAnto kOsta
How old are you?	Quanti anni hai?	kwAntee An-nee Aee
hump	la gobba	la gOb-ba
a hundred	cento	chAInto
to be hungry	avere fame	avErey fAmey
to hurry	aver fretta	avEr frEt-ta
husband	il marito	eel marEEto

I

I agree.	D'accordo.	d'ak-kOrdo
I am sending (…) separately	ti invio con plico separato	tee eenvYo kon plEEko separAto
I enclose…	Allego…	al-lEgo
I'll call you back	ti richiamo più tardi	tee reekyAmo pyOO tArdee
I would like…	Vorrei…	vor-rAIy
I'm at home.	Sono a casa.	sono a kAsa
I'm nineteen	Ho diciannove anni	O deechan-nOvey An-nee
ice-cream	il gelato	eel jelAto
icicle	il ghiacciolo	eel ghyAc-cholo
ill	malato(a)	malAto(a)
to feel ill	sentirsi male	sentEErsee mAley
important	importante	eemportAntey
in (for sport)	dentro	dEntro
in	in	een

in focus	a fuoco	a fwOko
in front of	davanti a	davAntee a
in the future	in futuro	een footOOro
India	l'India (f)	l'EEndya
indicator	il lampeggiatore	eel lampej-jatOrey
ingredient	l'ingrediente (m)	l'eengredyAIntey
injection	l'iniezione (f)	l'eenyetzyOney
instrument	lo strumento	lo stroomEnto
inter-city train	il treno rapido	eel trAIno rApeedo
interesting	interessante	eenteres-sAntey
to interview	intervistare	eenterveestArey
into	in	een
to introduce	presentare	presentArey
to invite	invitare	eenveetArey
to iron	stirare	steerArey
Is it far to?	È distante?	ai deestAntey
Is service included?	servizio compreso?	servEEtzyo komprEso
It costs...	Costa....	kOsta
It is getting light.	Si fa giorno.	see fA jOrno
It is light.	Si è fatto giorno.	see AI fAt-to jOrno
It is 1 o'clock.	È l'una.	AI l'OOna
It is 3 o'clock.	Sono le tre.	sOno ley trEY
It's... (on the phone)	Sono....	sOno
It's cold.	Fa freddo.	fA frEd-do
It's expensive.	È caro.	AI kAro
It's fine.	Fa bel tempo.	fA bAII tAImpo
It's foggy.	C'è nebbia.	chAI nEb-bya
It's good value.	È a buon mercato.	AI a bwOn merkAto
It's raining.	Piove.	pyOvey
It's ready.	a tavola!	a tAvola!
It's really lovely here.	È molto bello qui.	ey mOto bEl-lo kwee
It's snowing.	Nevica.	nEveeka
It's windy.	C'è vento.	chAI vEnto
It was lovely to hear from you.	La tua lettera mi ha fatto molto piacere.	la tOO-a lAIt-tera mee a fAt-to mOlto pyachErey
Italian	l'italiano	l'eetalyAno
Italy	l'Italia (f)	l'eetAlya

J

jacket	la giacca	la jAk-ka
jam	la marmellata	la marmel-lAta
January	gennaio	jen-nAyo
Japan	il Giappone	eel jap-pOney
jeans	i jeans	ee jeens
jewellery	i gioielli	ee joyAII-lee
job, profession	la professione	la profes-syOney
to jog	praticare il jogging	prateekArey eel jogging
journalist	il/la giornalista	eel/la jornalEEsta
judge	il giudice	eel jOOdeechey
juice	il succo	eel sOOk-ko
fruit juice	il succo di frutta	eel sOOk-ko dee frOOt-ta
jug	la brocca	la brOk-ka
July	luglio	lOOlyo
jumper	il pullover	eel pool-lOver
June	giugno	jOOnyo
jungle	la giungla	la jOOngla

K

kangaroo	il canguro	eel kangOOro
to keep an eye on	sorvegliare	sorvelyArey

to keep fit	tenersi in forma	tenAirsee een fOrma
kennel	la cuccia	la kOOc-cha
key	la chiave	la kyAvey
keyboard	la tastiera	la tastyAIra
kilo	il chilo	eel kEElo
A kilo of...	Un chilo di...	oon kEElo dee
Half a kilo of...	Mezzo chilo di....	mEtz-zo kEElo dee
to kiss	dare un bacino	dArey oon bachEEno
kitchen	la cucina	la koochEEna
kitten	il gattino	eel gat-tEEno
knee	il ginocchio	eel jeenOk-kyo
to kneel down	inginocchiarsi	eenjeenok-kyArsee
to be kneeling	stare in ginocchio	stArey een jeenOk-kyo
knickers	le mutandine	ley mootandEEney
knife	il coltello	eel koltAII-lo
to knit	lavorare a maglia	lavorArey a mAlya
knitting needles	i ferri da calza	ee fAIr-ree da kAltsa
to knock over	rovesciare	roveshArey

L

label	l'etichetta (f)	l'eteekEt-ta
ladder	la scala	la skAla
lake	il lago	eel lAgo
lamb	l'agnello (m)	l'anyAII-lo
lamp	la lampada	la lAmpada
to land	atterrare	at-ter-rArey
landlady	la proprietaria	la propreeyetArya
landlord	il proprietario	eel propryetAryo
language	la lingua	la lEEngwa
landscape	il paesaggio	eel pa-esAj-jo
large	grande (m,f)	grAndey
last	ultimo(a)	OOlteemo(a)
to be late	essere in ritardo	AIs-serey een reetArdo
to laugh	ridere	rEEderey
to burst out laughing	scoppiare in una risata	skoppyArey een oona reesata
lawn	il prato	eel prAto
lawnmower	la tosatrice	la tosatrEEchey
lawyer (m)	l'avvocato	l'av-vokAto
lawyer (f)	l'avvocatessa	l'av-vokatEs-sa
to lay eggs	deporre le uova	depOr-rey ley wOva
to lay the table	apparecchiare la tavola	ap-parek-kyArey la tAvola
lazy	pigro(a)	pEEgro(a)
leaf	la foglia	la fOlya
to lean out	sporgersi	spOrjersee
to lean on	appoggiarsi	ap-poj-jArsee
to learn	imparare	eemparArey
left luggage office	il deposito bagagli	eel depOseeto bagAly
on the left	a sinistra	a seenEEstra
the left side	la parte sinistra	la pArtey seenEEstra
left wing	la sinistra	la seenEEstra
leg	la gamba	la gAmba
leg of lamb	il cosciotto d'agnello	eel koshOt-to d'anyAII-lo
lemon	il limone	eel leemOney
length	la lunghezza	la loonghEtz-za
lentils	le lenticchie	ley lentEEkyey
lesson	la lezione	la letzyOney
letter	la lettera	la lAIt-tera
letter (of alphabet)	la lettera	la lAIt-tera
letter box	la cassetta della posta	la kas-sEt-ta dEl-la pOsta
library	la biblioteca	la beeblyotAlka

to lie down	sdraiarsi	sdrayArsee	to make a	telefonare, fare una	teletonArey, fArey
	essere disteso(a)	Als-serey deestAlso(a)	telephone call	telefonata	oona telefonAta
life	la vita	la vEEta	to put on make up	truccarsi	trook-kArsee
lifeguard	il bagnino	eel banyEEno	man	l'uomo (m)	l'wOmo
lift (elevator)	l'ascensore (m)	l'ashensOrey	to manufacture	costruire	kostrooEErey
light (weight)	leggero (a)	lej-jAIro (a)	map	la carta	la kArta
to be light (weight)	essere leggero(a)	Als-serey lej-jAIro(a)		la piantina	la pyantEEna
light	la luce	la lOOchey	March	marzo	mArtzo
It is light.	Si è fatto giorno.	see fAt-to jOrno	margarine	la margarina	la margAreena
It is getting light.	Si fa giorno.	see fA jOrno	market	il mercato	eel merkAto
lightning	il lampo	eel lAmpo	market stall	il banco di vendita	eel bAnko dee
to like	piacere	peeyachAIrey			vEndeeta
liner	la nave passeggeri	la nAvey pas-sej-jAIree	marriage	il matrimonio	eel matreemOnyo
lilac	lilla	lEEl-la	to get married	sposarsi	sposArsee
lion	il leone	eel le-Oney	mascara	il mascara	eel maskAra
lip	il labbro	eel lAb-bro	maths	la matematica	la matemAteeka
lipstick	il rossetto	eel ros-sEt-to	May	maggio	mAj-jo
list	la lista	la lEEsta	meadow	il prato	eel prAto
to make a list	fare una lista	fArey oona lEEsta	to measure	misurare	meezoorArey
to listen	ascoltare	askoltArey	meat	la carne	la kArne
to listen to music	ascoltare la musica	askoltArey la	meat (roast)	l'arrosto (m)	l'ar-rOsto
		mOOseeka	mechanic	il meccanico	eel mek-kAneeko
to listen to the radio	ascoltare la radio	askoltArey la rAdyo	the media	i mass-media	ee mass-mAldya
litre	un litro	oon lEEtro	medium (clothes size)	medio(a)	mAldyo(a)
half a litre	mezzo litro	mAltz-zo lEEtro	to meet	incontrare	eenkontrArey
bin	il secchio della	eel sEk-kyo dEl-la	melon	il melone	eel melOney
	spazzatura	spatz-zatOOra	member	il membro	eel mAlmbro
litter bin	il cestino	eel chaistEEno	member of	il deputato	eel depootAto
to live	vivere	vEEverey	parliament		
to live in a house	abitare in una casa	abeetArey een oona	member of	la deputata	la depootAta
		kAsa	parliament (f)		
lively	vivace	veevAchey	to mend	riparare	reeparArey
living room	il soggiorno	eel soj-jOrno	to mend (clothing)	rattoppare	rat-top-pArey
to load	caricare	kareekArey	menu	il menù	eel menOO
long	lungo(a)	lOOngo(a)	metal	il metallo	eel metAl-lo
to look at	guardare	gwardArey	metre	il metro	eel mAltro
to look for	cercare	cherkArey	to mew	miagolare	myagolArey
loose	largo(a)	lArgo(a)	midday	mezzogiorno	metz-zojOrno
lorry	l'autocarro (m)	l'owtokAr-ro	midnight	mezzanotte	metz-zanOt-tey
lorry driver	il camionista	eel kamyonEEsta	milk	il latte	eel lAt-tey
to lose	perdere	pAlrderey	to milk	mungere	mOOnjerey
loudspeaker	l'altoparlante (m)	l'AltoparlAntey	Milky Way	la via lattea	la vYa lAt-teya
love from… (end	Tanti baci	tAntee bAchee	a million	un milione	oon meelyOney
(of letter)			mineral water	l'acqua (f) minerale	l'Akwa meenairAley
to love	amare	amArey	minus	meno	mEno
lovely, beautiful	bello(a)	bAll-lo(a)	minute	il minuto	eel minOOto
luck	fortuna	fortOOna	mirror	lo specchio	lo spAlk-kyo
Good Luck	Tanti auguri!	tAntee awgOOree	miserable	di malumore	de maloomOrey
luggage-rack	la rete portabagagli	la rEtey portabagAlyee	to miss the train	perdere il treno	pAlrderey eel trAlno
lullaby	la ninnananna	la neen-nanAn-na	to mix	mescolare	meskolArey
lunch	il pranzo	eel prAntzo	model (m)	il modello	eel modAll-lo
lunch hour	l'ora di pranzo	l'Ora dee prAntzo	model (f)	la modella	la modAll-la
to be lying down	essere disteso(a)	Als-serey deestAlso (a)	mole	la talpa	la tAlpa
			Monday	lunedì	loonedEE
			money	il soldi	ee sOldee
			to change money	cambiare dei soldi	kambyArey dey
M					sOldee
			to take money out	ritirare dei soldi	reeteerArey dey
made of metal	di metallo	dee metAl-lo			sOldee
made of plastic	di plastica	dee plAsteeka	monkey	la scimmia	la shEEm-mya
magazine	la rivista	la reevEEsta	month	il mese	eel mEsey
mail	la posta	la pOsta	moon	la luna	la lOOna
airmail	posta aerea	pOsta a-Alrea	moped	il ciclomotore	eel cheeklomotOrey
main course	il piatto principale	eel pyAt-to	morning, in the	la mattina	la mat-tEEna
		preencheepAley	morning		
main road	la strada maestra	la strAda mayEstra	8 in the morning,	le otto di	ley ot-to dee
to make	fare	fArey	8 a.m.	mattina	mat-tEEna
to make a list	fare una lista	fArey oona lEEsta	this morning	stamattina	stamat-tEEna

English	Italian	Pronunciation
mosquito	la zanzara	la tzantzAra
mother	la madre	la mAdrey
motor racing	la gara automobilistica	la gAra owtomobilEEsteeka
motorbike	la motocicletta	la motocheekAit-ta
motorway	l'autostrada (f)	l'awtostrAda
mountain	la montagna	la montAnya
mountaineering	l'alpinismo	l'alpeenEEsmo
to go mountaineering	fare l'alpinismo	fArey l'alpeenEEsmo
mouse	il topo	eel tOpo
moustache	i baffi	ee bAf-fee
to have a moustache	avere i baffi	avAIrey ee bAf-fee
mouth	la bocca	la bOk-ka
to move in	trasferirsi	trasferEErsee
to move out	traslocare	traslokArey
to mow the lawn	tosare il prato	tosArey eel prAto
to multiply	moltiplicare	molteepleekArey
music	la musica	la mOOseeka
classical music	la musica classica	la mOOseeka klAs-seeka
pop music	la musica pop	la mOOseeka pOp
musician (m,f)	il/la musicista	eel/la mooseechEEsta
mustard	la senape	la sEnapey
My name is…	Mi chiamo…	mee kyAmo

N

naked	nudo(a)	nOOdo(a)
name	il nome	eel nOmey
first name	il nome di battesimo	eel nOmey dee bat-tAIseemo
surname	il cognome	eel conyOmey
His name is…	Si chiama…	see kyAma
My name is…	Mi chiamo…	mee kyAmo
What's your name?	Come ti chiami?	kOmay tee kyAmee
napkin	il tovagliolo	eel tovalyOlo
narrow	stretto(a)	srEt-to(a)
naughty, cheeky	cattivo(a)	kat-tEEvo(a)
navy blue	blu	blOO
near	vicino	veechEEno
near to	vicino a	veechEEno a
neck	il collo	eel kOl-lo
necklace	la collana	la kol-lAna
needle	l'ago (m)	l'Ago
neighbour (m)	il vicino	eel veechEEno
neighbour (f)	la vicina	la veechEEna
nephew	il nipote	eel neepOtey
nest	il nido	eel nEEdo
net	la rete	la rEtey
Netherlands	i Paesi Bassi	ee pa-Esee bAs-see
new	nuovo(a)	nwOvo(a)
New Year's Day	il Capodanno	eel kapodAn-no
New Year's Eve	San Silvestro	san seelvAIstro
Happy New Year	Felice anno nuovo	felEEchay An-no nwOvo
New Zealand	la Nuova Zelanda	la nwOva tzelAnda
news	le notizie	ley notEEtzye
newspaper	il giornale	eel jornAley
newspaper stand	l'edicola (f)	l'edEEkola
next	prossimo(a)	prOs-seemo (a)
next, following	seguente	segwAIntey
the next day	il giorno seguente	eel jOrno segwAIntey
next Monday	lunedì prossimo	loonedEE prOs-seemo
next week	la settimana prossima	la set-teemAna prOs-seema
nice	carino(a)	karEEno(a)

English	Italian	Pronunciation
niece	la nipote	la neepOtey
night, at night	la notte	la nOt-tey
nightclub	la discoteca	la deeskotAIka
to go to a nightclub	andare in discoteca	andArey een deeskotAIka
nightdress	la camicia da notte	la kamEEcha da nOt-tey
nine	nove	nOvey
999 call	la chiamata d'emergenza	la kyamAta d'emerjAIntza
nineteen	diciannove	deechan-nOvey
ninety	novanta	novAnta
no	no	nO
no entry (road sign)	divieto d'accesso	deevyAIto d'ac-chAIs-so
no parking	divieto di sosta	deevyAIto dee sOsta
No smoking	Non fumatori	non foomatOree
noisy	rumoroso(a)	roomorOso(a)
north	il nord	eel nOrd
North Pole	il polo nord	eel pOlo nOrd
nose	il naso	eel nAso
note (money)	la banconota	la bankonOta
nothing	niente	nyAIntey
nothing to declare	niente da dichiarare	nyAIntey da deekyarArey
novel	il romanzo	eel romAntzo
November	novembre	novAImbrey
now, nowadays	ora	Ora
number plate	la targa	la tArga
nurse (m)	l'infermiere	l'eenfermyAIrey
nurse (f)	l'infermiera	l'eenfermyAIra

O

English	Italian	Pronunciation
oak tree	la quercia	la kwAIrcha
oar	il remo	eel rAImo
obedient	ubbidiente	oob-beedyAIntey
It's one o'clock.	È l'una.	AI l'OOna
It's three o'clock.	Sono le tre.	sOno ley trE
October	ottobre	ot-tObrey
office	l'ufficio (m)	l'oof-fEEcho
offices, office block	gli uffici	ly oof-fEEchee
oil (engine/food)	l'olio (m)	l'Olyo
old	vecchio(a)	vAIk-kyo(a)
elderly	anziano(a)	antzyAno(a)
older than	più grande di	pyoograndey dee
old-fashioned	fuori moda	fwOree mOda
old age	la vecchiaia	la vaikYaya
on	su	soo
one	uno	OOno
onion	la cipolla	la cheepOl-la
only child	il/la figlio(a) unica(a)	eel/la fEElyo (a) OOniko (a)
open	aperto(a)	apAIrto(a)
to open	aprire	aprEErey
to open a letter	aprire una lettera	aprEErey oona lAIt-tera
to open the curtains	aprire le tende	aprEErey ley tAIndey
opera	l'opera (f)	l'Opera
operating theatre	la sala operatoria	la sAla operatOrya
operation	l'operazione (f)	l'operazyOney
opposite	di fronte(a)	dee frOntey(a)
orange (colour)	arancione	aranchOney
orange (fruit)	l'arancia (f)	l'arAncha
orchard	il frutteto	eel froot-tEto
orchestra	l'orchestra (f)	l'orkAIstra
to order	ordinare	ordeenArey

English	Italian	Pronunciation
ostrich	lo struzzo	lo strOOtz-zo
out (for sports)	fuori!	fwOree
out, out of	da	da
out of focus	sfocato(a)	sfokAto(a)
oven	il forno	eel fOrno
over	sopra	sOpra
to overtake	sorpassare	sorpas-sArey
overtime	lo straordinario	lo stra-ordeenAryo
owl	la civetta	la chivAlt-ta

P

English	Italian	Pronunciation
Pacific Ocean	il Pacifico	eel pachEEfeeko
to pack	fare le valigie	fArey ley valEEjey
packet	il pacchetto	eel pak-kEt-to
to paddle	guazzare	gwatz-zArey
paint	il colore	eel kolOrey
to paint	dipingere	deepEEnjerey
painter (m)	il pittore	eel peet-tOrey
painter (f)	la pittrice	la pit-trEEchey
painting	il dipinto	eel deepEEnto
pale	pallido(a)	pAl-leedo(a)
paper	la carta	la kArta
paperback	il libro tascabile	eel lEEbro taskAbeeley
parcel	il pacco	eel pAk-ko
parents	i genitori	ee jeneetOree
park	il parco	eel pArko
park keeper	il guardiano del parco	eel gwardyAno del pArko
to park	parcheggiare	parkej-jArey
no parking	divieto di sosta	deevyAlto dee sOsta
parliament	il parlamento	eel parlamEnto
party (celebration)	la festa	la fAlsta
party leader (m,f)	il capo del partito (m,f)	eel kApo del partEEto
party (political)	il partito	eel pArteeto
passenger (m)	il passeggero	eel pas-sej-jAlro
passenger (f)	la passeggera	la pas-sej-jAlra
passport	il passaporto	eel pas-sapOrto
past	il passato	eel pas-sAto
in the past	nel passato	ne pas-sAto
pasta	la pasta	la pAsta
pastry, cake	la pasta	la pAsta
path	il sentiero	eel sentyAlro
patient (wounded)	il paziente	eel patzyAlntey
pattern (knitting)	il modello	eel modAll-lo
pavement	il marciapiede	eel marchapyAldey
paw	la zampa	la tzAmpa
PE	la ginnastica	la jin-nAsteeka
pea	il pisello	eel peesAll-lo
peaceful	tranquillo(a)	trankwEEl-lo (a)
peach	la pesca	la pAlska
pear	la pera	la pEra
pedestrian	il pedone	eel pedOney
pedestrian crossing	le strisce pedonali	ley strEEshey pedo-nAlee
pen	la penna	la pEn-na
ball-point pen	la penna a sfera	la pEn-na a sfAlra
pencil	la matita	la matEEta
pencil case	l'astuccio (m)	l'astOOc-cho
penguin	il pinguino	eel peengwEEno
pepper	il pepe	eel pEpey
to perch	appollaiarsi	ap-pol-laYArsee
to perform, to appear on stage	recitare	recheetArey
perfume	il profumo	eel profOOmo
petrol	la benzina	la bentzEEna

English	Italian	Pronunciation
petrol station	il distributore di benzina	eel deestreebootOrey dee bendzEEna
to fill up with petrol	fare il pieno	fArey eel pyAlno
petticoat, slip	la sottana	la sot-tAna
photograph	la foto	la fOto
to take a photo	fotografare	fotografArey
photographer (m)	il fotografo	eel fotOgrafo
photographer (f)	la fotografa	la fotOgrafa
photography	la fotografia	la fotografEEa
physics	la fisica	la fEEseeka
piano	il piano	eel pyAno
to play the piano	suonare il piano	swonArey eel pyAno
to pick	raccogliere	rak-kolYAlrey
to pick flowers	cogliere i fiori	kolYAlrey ee fyOree
to pick up	raccogliere	rak-kOlyairey
to pick up the receiver	staccare il ricevitore	stak-kArey eel reecheveetOrey
picnic	il picnic	eel peekneek
pig	il maiale	eel maYAley
pigeon	il piccione	eel peech-chOney
pill	la pillola	la pEEl-lola
pillow	il guanciale	eel gwanchAley
pilot	il pilota	eel peelOta
pin	lo spillo	lo spEEl-lo
pine tree	il pino	eel pEEno
pink	rosa	rOsa
pitch (for football)	il campo di calcio	el kAmpo dee kAlcho
to pitch a tent	montare la tenda	montArey la tAlnda
planet	il pianeta	eel pyanEta
plate	il piatto	eel pyAt-to
plaits	le trecce	ley trEc-chey
to plant	piantare	pyantArey
plastic	la plastica	la plAsteeka
made of plastic	di plastica	dee plAsteeka
platform	il marciapiede	eel marchapyAldey
platform ticket	il biglietto d'ingresso	eel beelyEt-to d'eengrAls-so
play (theatre)	il lavoro teatrale	eel lavOro taiyatrAley
to play (an instrument)	suonare	swonArey
to play (games)	giocare	jokArey
to play cards	giocare a carte	jokArey a kArtey
to play chess	giocare a scacchi	jokArey a skAk-kee
to play draughts	giocare a dama	jokArey a dAma
to play football	giocare a calcio	jokArey a kAlchyo
to play golf	giocare a golf	jokArey a gOlf
to play squash	giocare a squash	jokArey a skwOsh
to play tennis	giocare a tennis	jokArey a tAln-nees
player (m)	il giocatore	eel jokatOrey
player (f)	la giocatrice	la jOkatrEEchey
playful	giocherellone	jokerel-lOney
playground	il cortile della scuola	eel kortEEley dEl-la skwOla
Please find enclosed…	In allegato trovate	een al-legAto trovAtey
pleased with	contento(a) di	kontAlnto(a) dee
to plough	arare	arArey
plug (electric)	la spina	la spEEna
plug (for bath)	il tappo	eel tAp-po
plum	la prugna	la prOOnya
plumber	l'idraulico (m)	l'eedraoolEEko
plus	più	pyOO
pocket	la tasca	la tAska
poetry	la poesia	la po-esEEa
polar bear	l'orso (m) bianco	l'Orso byAnko
police	la polizia	la poleetzEEa
police car	l'automobile (f) della polizia	l'awtomObeeley dEl-la poleetzEEa

120

police station	il posto di polizia	eel pOsto dee poleetzEEa
policeman/woman	il/la poliziotto	ee/la politzyOt-to
polite	gentile	gentEEley
politics	la politica	la polEEteeka
pond	lo stagno	lo stAnyo
poppy	il papavero	eel papAvero
popular	popolare	popolArey
pork chop	la costoletta di maiale	la kostolEt-ta dee maYAley
port	il porto	eel pOrto
porter	il facchino	eel fak-kEEno
porthole	l'oblò	l'oblO
to post	imbucare	eembookArey
post office	l'ufficio (m) postale	l'ooffEEchyo postAley
postal code	il codice postale	eel kOdeechey postAley
post-box	la buca delle lettere	la bOOka del-ley lAltterey
postcard	la cartolina	la kartolEEna
postman	il postino	eel postEEno
potato	la patata	la patAta
to pour	versare	versArey
powerboat	il motoscafo	eel motoskAfo
precise	preciso(a)	prechEEso(a)
prescription	la ricetta	la richAlt-ta
present (gift)	il regalo	eel regAlo
present (now)	il presente	eel preAlntey
president (m)	il presidente	eel preseedAlntey
president (f)	la presidentessa	la preseedaintEs-sa
pretty	carino(a)	karEEno(a)
price	il prezzo	eel prAltz-zo
prime minister (m,f)	il primo ministro	eel prEEmo meenEEstro
printed	stampato (a)	stampAto (a)
programme	il programma	eel progrAm-ma
pudding	il dolce	eel dOlchey
puddle	la pozzanghera	la potz-zAnghera
to take someone's pulse	misurare le pulsazioni	meesoorArey lai poolsatzyOney
to pull	tirare	teerArey
pupil (m)	lo scolaro	lo skolAro
pupil (f)	la scolara	la skolAra
puppy	il cucciolo	eel kOOcholo
to purr	fare le fusa	fArey ley fOOsa
purse	il borsellino	eel borsel-EEno
to push	spingere	spEEnjerey
push-chair	il passeggino	eel pas-saij-jEEno
to put	mettere	mEt-terey
to put down	posare	posArey
to bank money	mettere dei soldi in banca	mEt-terey dey dey sOldee een bAnka
pyjamas	il pigiama	eel peejAma

Q

a quarter	un quarto	oon kwArto
a quarter past 10	le dieci e un quarto	ley dyAlchee ey oon kwArto
a quarter to ten	le dieci meno un quarto	ley dyAlchee mEno oon kwArto
to ask a question	fare una domanda	fArey oona domAnda
to queue	fare la coda	fArey la kOda
quiet, calm	quieto(a)	quwyAlto(a)

R

rabbit	il coniglio	eel konEElyo
races, racing	le corse	ley kOrsey
racket	la racchetta	la rak-kEt-ta
radiator	il radiatore	eel radyatOrey
radio	la radio	la rAdyo
railway	la ferrovia	la fer-rovEEa
rain	la pioggia	lá pyOj-ja
rainbow	l'arcobaleno (m)	l'Arko-balEno
raincoat	l'impermeabile (m)	l'eemperme-Abeeley
raindrop	la goccia di pioggia	la gOc-cha dee pyOj-ja
to rain	piovere	pyOverey
It's raining.	Piove.	pyOvey
rake	il rastrello	eel rastrAll-lo
raspberry	il lampone	eel lampOney
raw	crudo(a)	crOOdo(a)
razor	il rasoio	eel rasOyo
to read	leggere	lAlj-jerey
to read a book	leggere un libro	lAlj-jerey oon lEEbro
to read a story	leggere una storia	lAlj-jerey oona stOrya
It's ready.	a tavola!	a tAvola!
receipt	lo scontrino	lo skontrEEno
to receive	ricevere	reechEverey
receiver	il ricevitore	eel richeveetOrey
reception (hotel)	la réception	la reseptyOn
recipe	la ricetta	la reechAlt-ta
record	il disco	eel dEEsko
record player	il giradischi	eel jiradEEskee
record shop	il negozio di dischi	eel negOtzyo dee dEEskee
rectangle	il rettangolo	eel ret-tAngolo
red	rosso(a)	rOs-so(a)
red hair	i capelli rossi	ee kapEl-lee rOs-see
reed	la canna	la kAn-na
referee	l'arbitro (m)	l'Arbeetro
to be related to	essere parente di	Als-serey parAlntey dee
to reserve	prenotare	prenotArey
to reserve a room	prenotare una camera	prenotArey oona kAmaira
to reserve a seat	prenotare un posto	prenotArey oon pOsto
reserved seat	il posto prenotato	eel pOsto prenotAto
to rest	riposarsi	reeposArsee
restaurant	il ristorante	eel reestorAntey
to retire	andare in pensione	andArey een pensyOney
by return	a giro di posta	a jEEro dee pOsta
return ticket	il biglietto di andata e ritorno	eel beelyEt-to dee andAta ey reetOrno
rice	il riso	eel rEEso
to ride a bicycle	andare in bicicletta	andArey een beecheeclEt-ta
on the right	(a) sinistra	seenEEstra
right side	la parte sinistra	la pArtey seenEEstra
right wing	la destra	la dAlstra
ring (jewellery)	l'anello (m)	l'anAll-lo
to ring	squillare	skweel-lArey
to ring the bell	suonare il campanello	swonArey eel kampanAll-lo
ripe	maturo(a)	matOOro(a)
river	il fiume	eel fyOOmey
road	la strada	la strAda
to roar	ruggire	rooj-jEErey

rock	lo scoglio	lo skOlyo
roll (bread)	il panino	eel panEEno
roof	il tetto	eel tEt-to
room	la stanza	la stAntza
double room	la camera doppia	la kAmera dOp-pya
single room	la camera singola	la kAmera sEEngola
rose	la rosa	la rOsa
roundabout (for children)	il carosello	eel karos-sEl-lo
to row (a boat)	remare	remArey
rowing boat	la barca a remi	la bArka a rAImee
to rub your eyes	stropicciarsi gli occhi	stropeec-chArsee ly ok-kee
rubber	la gomma	la gOm-ma
rude	scortese	skortAisey
rucksack, backpack	lo zaino	lo tzAeeno
ruler	la riga	la rEEga
to run	correre	kOr-rerey
to run away	scappare	skap-pArey
running shoes	le scarpe da jogging	lay skArpey da jOg-ging
runway	la pista	la pEEsta
Russia	la Russia	la rOOs-sEEa

S

safety belt	la cintura di sicurezza	la cheentOOra dee seekoorEtz-za
sailor	il marinaio	eel mareenAyo
salad	l'insalata (f)	l'eensalAta
salami	il salame	eel salAmey
salary	il salario	eel salAryo
sale (in shop)	la svendita	la zvEndeeta
salmon	il salmone	eel salmOney
sales representative	il/la rappresentante di commercio	eel/la rap-presentAntey dee kom-mAIrcho
sales (shop discounts)	i saldi	ee sAldee
salt	il sale	eel sAley
same	uguale	oogwAley
the same age as...	la stessa età di...	la stEs-sa etA dee
sand	la sabbia	la sAb-bya
sandals	i sandali	ee sAndalee
sandcastle	il castello di sabbia	eel kastAll-lo dee sAb-bya
satchel	la cartella	la kartAll-la
Saturday	sabato	sAbato
saucepan	la pentola	la pEntola
saucer	il piattino	eel pyat-tEEno
sausage	la salsiccia	la salsEEc-cha
saw	la sega	la sEga
to say	dire	dEErey
scales	la bilancia	la beelAncha
Scandinavia	la Scandinavia	la skandeenAvya
scarecrow	lo spaventapasseri	lo spavAIntapAs-seree
scarf	la sciarpa	la shArpa
scenery (theatre)	la scena	la shAIna
nursery school	la scuola materna	la skwOla matAIrna
at nursery school	alla scuola materna	al-la skwOla matAIrna
primary school	la scuola elementare	la skwOla elementArey
secondary school	il liceo	eel leechAI-o
at (secondary) school	al liceo	al leechAI-o
the school year	l'anno scolastico	l'An-no skolAsteeko
beginning of the school year	l'inizio (m) dell'anno scolastico	l'eenEEtzyo del-l'An-no skolAsteeko

end of school year	la fine dell'anno	la fEEney del-l'An-no SkolAsteeko
scissors	le forbici	ley fOrbeechee
to score a goal	fare un goal	fArey oon gOl
screwdriver	il cacciavite	eel kAc-cha-vEEtey
sea	il mare	eel mArey
sea food	i frutti di mare	ee frOOtee dee mArey
seagull	il gabbiano	eel gab-byAno
to be seasick	soffrire di mal di mare	sof-frEErey dee mAl dee mArey
at the seaside	al mare	al mArey
season	la stagione	la stajOney
season ticket	l'abbonamento (m)	l'ab-bonamEnto
seat	il posto	eel pOsto
seaweed	l'alga (f)	l'Alga
second (unit of time)	il secondo	eel sekOndo
second	secondo	sekOndo
second (for dates only)	il due	eel dOOey
second class	la seconda classe	la sekOnda klAs-sey
second floor	il secondo piano	eel sekOndo pyAno
secretary (m)	il segretario	eel segretAryo
secretary (f)	la segretaria	la segretArya
See you later.	A presto!	a prAIsto
seeds	i semi	ee sEmee
to sell	vendere	vEnderey
to send	mandare	mandArey
I am sending (...) separately	ti invio con plico separato	tee eenvYo kon plEEko separAto
to send a postcard	mandare una cartolina	mandArey oona kartolEEna
to send a telegram	mandare un telegramma	mandArey oon telegrAm-ma
sentence	la frase	la frAsey
September	settembre	set-tAImbrey
to serve (meal/sport)	servire	servEErey
service	servizio	servEEtzyo
Is service included?	È compreso il servizio?	AI komprEso eel servEEtzio
Service not included	Senza servizio	sEntza servEEtzeeo
seven	sette	sAIt-tey
seventeen	diciassette	deechas-sAIt-tey
seventy	settanta	set-tAnta
to sew	cucire	coochEErey
shade	l'ombra (f)	l'Ombra
to shake	agitare	ajeetArey
to shake hands with	dare la mano a	dArey la mAno a
shallow	poco profondo(a)	pOko profOndo(a)
shampoo	lo shampoo	lo shAmpo
shape	la forma	la fOrma
sharp	aspro	Aspro
to shave	farsi la barba	fArsee la bArba
electric shaver	il rasoio elettrico	eel rasOyo elAIt-treeko
shaving foam	la schiuma da barba	la skyOOma da bArba
sheep	la pecora	la pAIkora
sheepdog	il cane pastore	eel kAney pastOrey
sheet	il lenzuolo	eel lenzwOlo
shell	la conchiglia	la konkEElya
to shine	brillare	breel-lArey
ship	la nave	la nAvey
shirt	la camicia	la kamEEcha
shoes	le scarpe	ley skArpey
tennis shoes	le scarpe da tennis	ley skArpey da tAIn-nees

122

English	Italian	Pronunciation
shops	i negozi	ee negOtzee
shop assistant (m)	il commesso	eel kom-mEs-so
shop assistant (f)	la commessa	la kom-mEs-sa
shopkeeper	il/la negoziante	eel/la negotzyAntey
shopwindow	la vetrina	la vetrEEna
to shop at the market	fare la spesa al mercato	fArey la spEsa al merkato
to go shopping	fare le spese	fArey ley spEsey
shopping bag	la borsa della spesa	la bOrsa del-la spEsa
short	corto(a)	kOrto(a)
to be short	essere basso(a)	Ais-serey bAs-so(a)
shoulder	la spalla	la spAl-la
to shout	gridare	greedArey
shower	la doccia	la dOc-cha
to have a shower	fare la doccia	fArey la dOc-cha
shut	chiuso	kyOOso
shy	timido(a)	tEEmeedo(a)
to be sick	vomitare	vomeetArey
side	il lato	eel lAto
to sightsee	visitare	veeseetArey
signpost	l'indicatore (m) stradale	l'eendikatOrey stradAley
silly	sciocco(a)	shOk-ko(a)
silver	l'argento (m)	l'arjAInto
made of silver	d'argento	d'arjAInto
to sing	cantare	kantArey
to sing out of tune	stonare	stonArey
singer (m,f)	il/la cantante	eel/la kantAntey
a single room	una camera singola	oona kAmera sEEngola
sink (wash basin)	il lavandino (m)	eel lavandEEno
sister	la sorella	la sorAll-la
to sit an exam	passare un esame	pas-sArey oon esAmey
to sit by the fire	essere seduto(a) davanti al caminetto	Ais-serey sedOOto(a) davantee al kamEEnet-to
to sit down	sedersi	sedErsee
to be sitting down	essere seduto(a)	Ais-serey sedOOto(a)
six	sei	sAly
sixteen	sedici	sedEEchee
sixty	sessanta	ses-sAnta
size	la taglia	la tAlya
What size is this?	che taglia è?	ke tAlya ai?
skis	gli sci	ly shee
ski boots	gli scarponi	lee skarpOnee
ski instructor	l'insegnante (m) di sci	l'eensentAntey dee shEE
ski pole	il bastone da sci	eel bastOney da shEE
ski resort	la stazione invernale	la statzyOney eenvernAley
ski slope, ski run	la pista	la pEEsta
to go skiing	andare a sciare	andArey a shyArey
skilful, good with your hands	abile	Abeeley
skin	la pelle	la pAll-ley
skirt	la gonna	la gOn-na
sky	il cielo	eel chyAllo
skyscraper	il grattacielo	eel grAt-ta-chyAllo
sledge	la slitta	la slEEt-ta
to sleep	dormire	dormEErey
Sleep well.	Dormi bene.	dOrmee bAlney
sleeping-car	il vagone letto	eel vagOney lAlt-to
sleeping bag	il sacco a pelo	eel sAk-ko a pElo
to be sleepy	avere sonno	avErey sOn-no
slide	lo scivolo	lo shEEvolo
slim	snello(a)	snEl-lo(a)
to slip	scivolare	sheevolArey

English	Italian	Pronunciation
slippers	le pantofole	ley pantOfoley
slope	il pendio	eel pendYo
slow	piano(a)	pyAno(a)
to slow down	rallentare	ral-lEntArey
small	piccolo(a)	pEEk-kolo(a)
to smile	sorridere	sor-rEEderey
smoke	il fumo	eel fOOmo
snake	il serpente	eel serpAIntey
to sneeze	starnutire	starnootEErey
to snore	russare	roos-sArey
snow	la neve	la nEvey
It's snowing.	Nevica.	nEveeka
snowman	il pupazzo di neve	eel poopAtz-zo dee nEvey
soaked to the skin	bagnato(a) come un pulcino	banyAto(a) kOmey oon poolchEEno
soap	il sapone	eel sapOney
society	la società	la sochetA
socks	i calzini	ee kaltzEEnee
sofa	il divano	eel deevAno
soft	morbido(a)	mOrbeedo(a)
soil	la terra	la tAIr-ra
soldier	il soldato	eel soldAto
sole (fish)	la sogliola	la solyOla
someone	qualcuno	kwalkOOno
son	il figlio	eel fEElyo
only son	il figlio unico	eel fEElyo OOneeko
to sort, to sort out, to arrange	classificare	klAs-seefeekArey
soup	la minestra	la meenAIstra
south	il sud	eel sOOd
South America	l'America (f) latina	l'amAIreeka latEEna
South Pole	il polo sud	eel pOlo sOOd
to sow	seminare	semeenArey
space	lo spazio	lo spAtzyo
spaceship	la nave spaziale	la nAvey spatzyAle
spade	la vanga	la vAnga
spade (smaller spade or toy)	la paletta	la palAlt-ta
Spain	la Spagna	la spAnya
Spanish (language or subject)	lo spagnolo	lo spanyOlo
sparrow	il passero	eel pAs-sero
spelling	l'ortografia (f)	l'ortografEEa
to spend money	spendere soldi	spAlnderey sOldee
spices	le spezie	le spAltzyey
spider	il ragno	eel rAnyo
spinach	gli spinaci	ly speenAchee
to splash	spruzzare	sprootzArey
spoon	il cucchiaio	eel kook-kyAyo
sport	lo sport	lo spOrt
sports equipment	gli articoli sportivi (m. pl)	ly artEEkolee sportEEvi
spotlight	il proiettore	eel proyet-tOrey
spotted	a pallini	a pal-lEEnee
to sprain your wrist	slogarsi la mano	slogArsee la mAno
spring	la primavera	la preemavAlra
square (shape)	il quadrato	eel kwadrAto
square (in a town)	la piazza	la pyAtz-za
to play squash	giocare a squash	jokArey a skwosh
squirrel	lo scoiattolo	lo skoyAt-tolo
stable	la scuderia	la skooderEEa
stage (theatre)	il palcoscenico	eel palkoshAIneeko
staircase	la scala	la skAla
stamp	il francobollo	eel frAnkobOl-lo
to stand up	alzarsi	altzArsee
to be standing	stare in piedi	stArey een pyAldee
star	la stella	la stEl-la

English	Italian	Pronunciation
to start off (in vehicle)	mettere in moto	mEt-terey een mOto
starter (of meal)	l'antipasto (m)	l'anteepAsto
station	la stazione	la statzyOney
stationers	la cartoleria	la kartolerYa
statue	la statua	la stAtooa
to stay in a hotel	stare in albergo	stArey een albAIrgo
steak	la bistecca	la beestEk-ka
to steal	rubare	roobArey
steep	ripido(a)	rEEpeedo(a)
steering wheel	il volante	eel volAntey
to stick	incollare	eenkol-lArey
sticking plaster	il cerotto	eel cherOt-to
to sting	pungere	pOOnjerey
stomach	lo stomaco	lo stOmako
to have a stomach ache	avere mal di stomaco	avErey mAl dee stOmako
story	la storia	la stOrya
stove	il fornello	eel fornAll-lo
straight hair	i capelli lisci	ee kapEl-lee lEEshee
to go straight on	continuare diritto	kontinwArey direet-to
strawberry	la fragola	la frAgola
stream	il ruscello	eel rooshAll-lo
street	la strada	la strAda
street light	il lampione	eel lampyOney
side street	la traversa	la travAIrsa
one way street	il senso unico	eel sAInso OOneeko
to stretch	stirarsi	steerArsee
stretcher	la barella	la barAll-la
striped	a righe	a rEEghey
strong (m,f)	forte	fOrtey
student (m)	lo studente	lo stoodAIntey
student (f)	la studentessa	la stoodentEs-sa
to study	studiare	stoodyArey
subject (of study)	la materia	la matAIrya
to subtract	sottrarre	sot-trAr-rey
suburb	il sobborgo	eel sob-bOrgo
subway	il sottopassaggio	eel sot-topas-sAj-jo
sugar	lo zucchero	lo tzOOk-kero
suitcase	la valigia	la valEEja
summer	l'estate (f)	l'estAtey
summit	la cima	la chEEma
to do sums, to calculate	calcolare	kalkolArey
sun	il sole	eel sOley
The sun is shining.	C'è il sole.	chAI eel sOley
to sunbathe	prendere il sole	prAInderey eel sOley
Sunday	domenica	domEeneeka
sunglasses	gli occhiali da sole	ly ok-kYAlee da sOley
sunrise	il sorgere del sole	eel sOrjerey dEl sOley
sunset	il tramonto	eel tramOnto
sunshade	l'ombrellone (m)	l'ombrel-lOney
suntan lotion	la crema abbronzante	la krAIma ab-bronzAntey
supermarket	il supermercato	eel soopermerkAto
to go to the supermarket	andare al supermercato	andArey al soopermerkAto
supper	la cena	la chEna
surgeon	il chirurgo	eel keerOOrgo
surname	il cognome	eel konyOmey
to sweat	sudare	soodArey
sweet, charming	carino(a)	karEEno(a)
sweet (sugary)	dolce	dOlchey
sweet-smelling	profumato(a)	profoomAto(a)
to swim	nuotare	nwotArey
to swim, to have a swim	fare il bagno	fArey eel bAnyo
swimming pool	la piscina	la peeshEEna
swing	l'altalena (f)	l'altalEna
to switch the light off	spegnere la luce	spEnyerey la lOOchey
to switch the light on	accendere la luce	ac-chAInderey la lOOchay
Switzerland	la Svizzera	la svEEtzera

T

English	Italian	Pronunciation
table	la tavola	la tAvola
bedside table	il comodino	eel komodEEno
to lay (the table)	apparecchiare la tavola	ap-parek-kyArey la tAvola
tablecloth	la tovaglia	la tovAlya
tail	la coda	la kOda
to take	prendere	prAInderey
to take the bus	andare in autobus	andArey een owtoboos
to take a photograph	fotografare	fotografArey
to take someone's temperature	misurare la temperatura	meezoorArey la temperatOOra
to take off (aeroplane)	decollare	dekol-lArey
to take off (clothes)	togliere	tOlyerey
to take out, to draw out	ritirare	reeteerArey
to take money out	ritirare denaro	reeteerArey denAro
to be tall (m,f)	essere alto (a)	AIs-serey Alto (a)
tame	docile	dochEEley
tanned	abbronzato(a)	ab-bronzAto (a)
tap	il rubinetto	eel roobeenEt-to
to tap your feet	battere il tempo	bAtterey eel tAImpo
taste, flavour	il sapore	eel sapOrey
to taste, to try	assaggiare	as-saj-jArey
It tastes good.	È buono.	AI bwOno
taxes	le tasse	le tAs-sey
taxi	il tassi	eel tas-sEE
to hail a taxi	chiamare un tassi	kyamArey oon tas-sEE
taxi-driver	il/la tassista	eel/la tas-sEEsta
taxi-rank	il posteggio dei tassi	eel postEj-jo dey tas-sEE
tea	il tè	eel tAI
tea towel	l'asciugatoio (m)	l'ashoogatOyo
to teach	insegnare	eensenyArey
teacher	l'insegnante (m,f)	l'eensenyAntey
team	la squadra	la skwAdra
teapot	la teiera	la teyAIra
to tear	stracciare	strachArey
telegram	il telegramma	eel telegrAm-ma
telephone	il telefono	eel telAIfono
telephone area code	il prefisso	eel prefEEs-so
telephone box	la cabina telefonica	la kabEEna telefOneeka
telephone directory	l'elenco (m) telefonico	l'elAInko telefOneeko
telephone number	il numero di telefono	eel noomEro dee telAIfono
to answer the telephone	rispondere al telefono	reespOnderey al telAIfono
to make a telephone call	telefonare, fare una telefonata	telefonArey, fArey oona telefonAta
telescope	il telescopio	eel teleskOpyo
television	il televisore	eel tailaiveesOrey
to have a temperature	avere la febbre	avErey la fAIb-brey

English	Italian	Pronunciation
to take someone's temperature	misurare la temperatura	meezoorArey la temperatOOra
ten	dieci	dyAIchee
tenant (m,f)	il/la locatario(a)	eel/la lokatAryo(a)
tennis	il tennis	eel tAIn-nees
tennis court	il campo da tennis	eel kAmpo da tAIn-nees
tennis shoes	le scarpe da tennis	ley skArpey da tAIn-nees
to play tennis	giocare a tennis	jokArey a tAIn-nees
tent	la tenda	la tEnda
term (school)	il trimestre	eel treemAIstrey
to thank	ringraziare	reengratzyArey
Thank you for your letter of…	Vi ringrazio della Vostra lettera del…	vee reengrAtzyo del-la vOstra lAIt-tera del
Thank you very much.	Mille grazie.	mEEl-ley grAtzyey
That will be…/cost…	Fa…	fa
to thaw	sgelare	zjelArey
theatre	il teatro	eel teAtro
thermometer	il termometro	eel termOmetro
thin	magro(a)	mAgro(a)
Thinking of you	Penso molto a te.	pEnso mOlto a tAI
third	il terzo	eel tAIrtzo
a third	un terzo	oon tAIrtzo
the third (for dates only)	il tre	eel trE
thirteen	tredici	trEdeechee
thirty	trenta	trEnta
to be thirsty	avere sete	avErey sEtey
this evening	stasera	stasEra
this morning	stamattina	stamat-tEEna
a thousand	mille	mEEl-ley
thread	il filo	eel fEElo
three	tre	trE
three quarters	tre quarti	trE kwArtee
through	attraverso	at-travAIrso
to throw	gettare	jet-tArey
thrush	il tordo	eel tOrdo
thumb	il pollice	eel pOl-leechey
thunder	il tuono	eel twOno
thunder storm	il temporale	eel temporAley
Thursday	giovedì	jovedEE
ticket	il biglietto	eel beelyEt-to
airline ticket	il biglietto d'aereo	eel beelyEt-to d'aAIreyo
return ticket	il biglietto di andata e ritorno	eel beelyEt-to dee andAta ey reetOrno
season ticket	l'abbonamento	l'ab-bonamEnto
ticket collector	il controllore	eel kontrol-lOrey
ticket machine	il distributore automatico	eel distreebootOrey owtomAteeko
ticket office	la biglietteria	la beelyet-terEEa
to tidy up	mettere in ordine	mEt-terey een Ordeeney
tie	la cravatta	la kravAt-ta
tiger	la tigre	la tEEgrey
tight	stretto(a)	strEt-to(a)
tights	il collant	eel kol-lAnt
time	il tempo	eel tAImpo
on time	puntuale	poontooAley
to be on time	essere puntuale	Als-serey poontwAley
What time is it?	che ora è?	kE Ora e
times (maths)	per	pEr
timetable	l'orario (m)	l'orAryo
tin	la scatola	la skAtola
tinned food	il cibo in scatola	eel chEEbo een skAtola
tiny	piccolissimo(a)	peeko-lEEseemo (a)
tip	la mancia	la mAncha
to, towards	verso	vAIrso
today	oggi	Oj-jee
toe	il dito del piede	eel dEEto del pyAIdey
together	insieme	eensyAImey
toilet	il gabinetto	eel gabeenEt-to
tomato	il pomodoro	eel pomodOro
tomorrow	domani	domAnee
tomorrow evening	domani sera	domAnee sEra
tomorrow morning	domani mattina	domAnee mat-tEEna
tongue	la lingua	la lEEngwa
tooth	il dente	eel dAIntey
to have toothache	avere mal di denti	avErey mAl dee dAIntee
toothbrush	lo spazzolino	lo spatz-zolEEno
toothpaste	il dentifricio	eel denteefrEEcho
tortoise	la tartaruga	la tartarOOga
to touch	toccare	tok-kArey
tourist	il/la turista	eel/la toorEEsta
towel	l'asciugamano (m)	l'ashoogamAno
town	la cittadina	la cheet-tadEEna
town centre	il centro	eel chAIntro
town hall	il municipio	eel mooneechEEpyo
toy	il giocattolo	eel jokAt-tolo
track	il binario	eel beenAryo
tracksuit	la tuta	la tOOta
tractor	il trattore	eel trat-tOrey
trade union	il sindacato	eel seendakAto
traffic	il traffico	eel trAf-feeko
traffic jam	l'ingorgo (m)	l'eengOrgo
traffic lights	il semaforo	eel semAforo
train	il treno	eel trAIno
The train from…	Il treno da…	eel trAIno dA
The train to…	Il treno per…	eel trAIno per
inter-city train	il rapido	eel rApeedo
goods train	il treno merci	eel trAIno mAIrchee
to travel by boat, to sail	andare via nave	andArey veea nAvey
traveller (m)	il viaggiatore	eel viaj-jatOrey
traveller (f)	la viaggiatrice	la viaj-jatrEEchey
tray	il vassoio	eel vas-sOyo
tree	l'albero (m)	l'Albero
triangle	il triangolo	eel tryAngolo
trolley	il carrello	eel kar-rAIl-lo
trousers	i pantaloni	ee pantalOnee
trout	la trota	la trOta
trowel	la paletta	la palAIt-ta
true	vero(a)	vEro(a)
trumpet	la tromba	la trOmba
to play the trumpet	suonare la tromba	swonArey la trOmba
trunk (elephant's)	la proboscide	la probOsheedey
T-shirt	la maglietta	la malyEt-ta
Tuesday	martedì	martedEE
Tuesday, the second of June	martedì, due giugno	martedEE, dOOey jOOnyo
tulip	il tulipano	eel tooleepAno
tune	la melodia	la melodEEa
to turn	girare	geerArey
to turn left	voltare a sinistra	voltArey a seenEEstra
to turn right	voltare a destra	voltArey a dAIstra
tusk	la zanna	la tzAn-na
twelve	dodici	dOdeechee
twenty	venti	vEntee
twin brother	il gemello	eel jemAIl-lo
twin sister	la gemella	la jemAIl-la
twins (m)	i gemelli	ee jemAIl-lee
twins (f)	le gemelle	ley jemAIl-ley

two	**due**	*dOOey*
tyre	**il pneumatico**	*eel pne-oomAteeko*
to have a flat tyre	**avere un pneumatico**	*avErey oon*
	a terra	*pne-oomAteeko*
		a tAIr-ra

U

umbrella	**l'ombrello (m)**	*l'ombrAll-lo*
uncle	**lo zio**	*lo tzEEo*
under	**sotto**	*sOt-to*
underground	**la metropolitana**	*la metropoleetAna*
underground	**la stazione della**	*la statzyOney dEl-la*
station	**metropolitana**	*metropoleetAna*
underpants	**i pantaloncini**	*ee pantalonchEEnee*
to get undressed	**svestirsi**	*svestEErsee*
unemployment	**la disoccupazione**	*dEEsok-koo*
		patzyOney
United States	**gli Stati Uniti**	*ly stAtee oonEEtee*
universe	**l'universo (m)**	*l'ooneevAIrso*
university	**l'università (f)**	*l'oonivairseetA*
to unload	**scaricare**	*skareekArey*
up	**su**	*soo*
to get up	**alzarsi**	*altzArsee*
upstairs	**su**	*soo*
to go upstairs	**andare su**	*andArey soo*
Urgent message	**urgente stop**	*oorgAintey stOp*
stop phone	**chiamare a casa**	*kyamArey a kAsa*
home stop		
useful	**utile**	*OOteeley*
usherette	**la maschera**	*mAskera*

V

to vacuum	**passare**	*pas-sArey*
	l'aspirapolvere	*l'aspeerapOlverey*
valley	**la valle**	*la vAl-ley*
van	**il furgone**	*eel foorgOney*
veal	**la vitella**	*la veetAll-la*
vegetable patch	**l'orto**	*l'Orto*
vegetables	**la verdura**	*la verdOOra*
Very well,	**Bene grazie.**	*bAIney grAtzyey*
thank you. (answer		
to 'How are you?')		
vest	**la canottiera**	*la kanot-tyEra*
vicar	**il parrocco**	*eel par-rOk-ko*
video	**il video registratore**	*eel vEEde-o*
		rejeestratOrey
video camera	**la cinepresa**	*la cheenaiprEsa*
view	**il panorama**	*eel panorAma*
village	**il paese**	*eel paEsey*
vine	**la vite**	*la vEEtey*
vinegar	**l'aceto (m)**	*l'achEto*
vineyard	**il vigneto**	*eel veenyEto*
violin	**il violino**	*eel vyolEEno*
to play the violin	**suonare il violino**	*swonArey eel*
		vyolEEno
to visit, to	**visitare**	*veeseetArey*
sightsee		
volume	**il volume**	*eel volOOmey*
to vote	**votare**	*votArey*

W

to wag its tail	**scodinzolare**	*skodeentzolArey*
wages	**il salario**	*eel salAryo*
to wait for	**aspettare**	*aspet-tArey*
waiter (m)	**il cameriere**	*eel kameryAIrey*
waiter (f)	**la cameriera**	*la kameryAIra*
waiting-room	**la sala d'aspetto**	*la sAla d'aspAlt-to*
to wake up	**svegliarsi**	*svelyArsee*
to walk	**camminare**	*kam-meenArey*
to go for a walk	**andare a fare**	*andArey a fArey*
	una passeggiata	*oona pas-sej-jAta*
to walk, to go on foot	**camminare**	*kam-meenArey*
to walk barefoot	**camminare scalzi (pl)**	*kam-meenArey*
		skAltzee
to take the	**portare fuori**	*portArey fwOree*
dog for a walk	**il cane**	*eel kAney*
wall	**la parete**	*la parEtey*
wallet	**il portafoglio**	*eel portafOlyo*
to wash, to	**lavarsi**	*lavArsee*
have a wash		
to wash up	**lavare i piatti**	*lavArey ee pyAt-tee*
to wash your hair	**lavarsi i capelli**	*lavArsee ee kapEl-lee*
the washing	**il bucato**	*eel bookAto*
washing line	**la corda per il bucato**	*la kOrda pEr eel*
		bookAto
washing machine	**la lavatrice**	*la lavatrEEchey*
to do the washing	**fare il bucato**	*fArey eel bookAto*
wasp	**la vespa**	*la vAIspa*
to watch television	**guardare la**	*gwardArey la*
	televisione	*televisyOney*
watch	**l'orologio (m) da**	*l'orolOjo da*
	polso	*pOlso*
water	**l'acqua (f)**	*l'Ak-kwa*
mineral water	**l'acqua minerale (f)**	*l'Ak-kwa meenerAley*
watering can	**l'annaffiatoio (m)**	*l'An-nafyatOyo*
to waterski	**praticare lo sci**	*pratikArey lo shee*
	nautico	*nowteeko*
wave	**l'onda (f)**	*L'Onda*
way, path	**il sentiero**	*eel sentyAIro*
to ask the way	**domandare la strada**	*domandAre la strAda*
Which way is...?	**In quale direzione è...?**	*een kwAley*
		deeretzyOney Al
weak (m,f)	**debole**	*dEboley*
to wear (clothes)	**indossare**	*eendos-sArey*
to wear glasses	**portare**	*portArey*
	gli occhiali	*ly ok-kyAlee*
weather	**il tempo**	*eel tAImpo*
weather forecast	**la previsione**	*la preveesyOney*
	del tempo	*del tAImpo*
What is the weather	**Che tempo fa?**	*kE tAImpo fA*
like?		
wedding	**le nozze**	*ley nOtz-zey*
wedding ring	**la fede**	*la fEdey*
Wednesday	**mercoledì**	*merkoledEE*
weed	**l'erbaccia (f)**	*l'erbAc-cha*
to weed	**diserbare**	*deeserbArey*
	l'erbaccia	*l'erbAc-cha*
week	**la settimana**	*la set-teemAna*
week-end	**il fine settimana**	*eel fEEney set-*
		teemAna
weeping willow	**il salice piangente**	*eel sAleechey*
		pyangAIntey

to weigh	pesare	*pesArey*
to weigh yourself	pesarsi	*pesArsee*
weight	il peso	*eel pEso*
well	bene	*bAlney*
to have eaten well	aver mangiato bene	*avEr manjAto bAlney*
Very well, thank you (answer to 'How are you?')	Bene, grazie	*bAlney grAtzyey*
wellington boots	gli stivali di gomma	*ly steevAlee dee gOm-ma*
west	l'ovest (m)	*l'Ovest*
What is the weather like?	Che tempo fa?	*kE tAImpo fA*
What size is this?	Che taglia è?	*ke tAlya ai?*
What time is it?	Che ora è?	*kE Ora ai*
What's your name?	Come ti chiami?	*kOmey tee kyAmee*
What would you like?	Che desidera?	*key desEEdera*
wheat	il grano	*eel grAno*
wheel	la ruota	*la rwOta*
wheelbarrow	la carriola	*la karyOla*
Which way is...?	In quale direzione è...?	*een kwAley ai deeretzyOney*
to whisper	bisbigliare	*beesbeelyArey*
white	bianco	*byAnco*
Who's speaking? (on telephone)	Chi parla?	*kEE pArla*
width	la larghezza	*la larghEtz-za*
wife	la moglie	*la mOlyey*
wild	feroce	*ferOchey*
wild flowers	i fiori di campo	*ee fyOree dee kAmpo*
to win	vincere	*vEEncherey*
wind	il vento	*eel vAInto*
window	la finestra	*la feenAIstra*
to go window-shopping	passeggiare guardando le vetrine	*pas-sej-jArey gwardAndo ley vetrEEney*
window display, shop window	la vetrina	*la vetrEEna*
windscreen	il parabrezza	*eel parabrEtz-za*
to windsurf	praticare il windsurf	*pratikArey eel windsurf*
It's windy.	C'è vento.	*chAI vAInto*
wine	il vino	*eel vEEno*
wing	l'ala (f)	*l'Ala*
winter	l'inverno (m)	*l'eenvAIrno*
Wish you were	peccato che tu non sia qui!	*pek-kAto ke too non sYa kwee*

with	con	*kOn*
without	senza	*sAIntza*
woman	la donna	*la dOn-na*
wood (forest)	il bosco	*eel bOsko*
wooden, made of wood	di legno	*dee lEnyo*
woodwork	la falegnameria	*la falenyamerEEa*
wool	la lana	*la lAna*
woollen	di lana	*dee lAna*
word	la parola	*la parOla*
to work	lavorare	*lavorArey*
to go to work	andare al lavoro	*andAray al lavOro*
world	il mondo	*eel mOndo*
worst	il/la peggiore	*eel/la paij-jOrey*
I would like...	Vorrei...	*Vor-rAIEE*
wrapping	confezione	*konfetzyOney*
to write	scrivere	*skrEEverey*
to write a cheque	fare un assegno	*fArey oon as-sEnyo*
to write a letter	scrivere una lettera	*skrEEverey oona lAIt-tera*
wrist	il polso	*eel pOlso*
writing paper	la carta da lettere	*la Karta da lAIt-terey*

Y

to yawn	sbadigliare	*sbadeelyArey*
year	l'anno (m)	*l'An-no*
yellow	giallo(a)	*jAI-lo(a)*
yes	sì	*see*
yesterday	ieri	*yAIree*
yesterday evening	ieri sera	*yAIree sEra*
yesterday morning	ieri mattina	*yAIree mat-tEEna*
yoghurt	lo yogurt	*lo yOgoort*
young	giovane (m,f)	*jOvaney*
young, little	piccolo(a)	*pEEk-kolo (a)*
younger than...	più giovane di...	*pyOO jOvaney dee...*
Yours faithfully	Con i migliori saluti	*kon ee milyOree salOOtee:*

Z

zebra	la zebra	*la tzEbra*
zero	lo zero	*lo tzAIro*
zip	la chiusura lampo	*la kyoosOOra lAmpo*
zoo	lo zoo	*lo tzo-o*
zoo keeper	il guardiano	*eel gwardyAno*

First published in 1991 by Usborne Publishing Ltd, 83-85 Saffron Hill, London EC1N 8RT, England. www.usborne.com Copyright © 2009, 2002, 1991 Usborne Publishing Ltd.